Inhaltsverzeichnis

W0047274

Einführung

Warum?

**Bessere Arbeitstechnik
= Mehr Erfolg**

**Rationelle Arbeitstechniken:
Verbesserung der
persönlichen Effizienz**

**Arbeitstechniken fördern
Erfolg und Zielerreichung**

"Wenn du eine Stunde glücklich
sein willst, schlafe.
Wenn du einen Tag glücklich
sein willst, gehe fischen.
Wenn du eine Woche glücklich
sein willst, schlachte ein
Schwein und erzähle es.
Wenn du ein Jahr glücklich sein
willst, habe ein Vermögen.
Wenn du ein Leben lang
glücklich sein willst, liebe deine
Arbeit."
(Chinesische Weisheit)

Einführung

"Jeder Mensch ist dazu bestimmt, ein Erfolg zu sein, und die Welt ist dazu bestimmt, diesen Erfolg zu ermöglichen."
(aus: UNESCO-Bericht "Wie wir leben lernen", Paris 1972)

Rationelle Arbeitstechniken können wesentlich zum **Erfolg** einer Führungskraft oder eines Mitarbeiters beitragen. Wer seine Leistung voll entfalten will, braucht entsprechende Methoden
- sowohl zur Bewältigung der Tagesaufgaben
- als auch zur langfristigen Zielerreichung.

In Literatur und Praxis findet sich eine **breite Methoden- und Begriffsvielfalt** im Bereich "Rationelle oder Persönliche Arbeitstechniken". Sie umfaßt alle Methoden und Instrumente, die ihren Benutzern als Mittel zu einer **effizienten**,
- und zwar zielorientierten,
- systematisch geplanten und
- rationell erledigten Aufgabenerfüllung dienen.

Rationelle Arbeitstechniken leisten einen Beitrag zur Zielerreichung und sollen den **persönlichen Erfolg** sowie das **betriebliche Ergebnis** verbessern helfen.

Einführung

Wie?

**Pyramidenbau –
aus arbeitstechnischer Sicht:**

- Ziele planen
- Arbeitsschritte vorbereiten
- Mitteleinsatz optimieren
- Arbeitsergebnisse
  kontrollieren

René Descartes:
Methode des richtigen
Vernunftgebrauchs —
4 Regeln:

- Problembeschr. u.
  Lageanalyse
- Aufgabenanalyse und Planung

- Entscheidungsanalyse und
  Zeitplanung
- Durchführung und Kontrolle

Was?

Arbeitsmethodik

- Was kann ich?

- Was will ich?
- Wie komme ich dorthin?

- Welches ist der erste Schritt?

Einführung

Die Bewältigung der täglich zu erledigenden Aufgaben und Probleme mit Hilfe von **rationellen Arbeitstechniken** ist im Prinzip nicht neu. Schon die alten **Ägypter** mußten beim Bau ihrer berühmten **Pyramiden** methodisch vorgehen und rationell arbeiten, um diese Projekte auch erfolgreich abschließen zu können:

1. Wie gehe ich vor, um ein **Ziel** zu erreichen?
2. Was muß ich tun, um einzelne **Probleme** zu lösen?
3. Welche vorbereitenden **Maßnahmen** muß ich ergreifen?
4. Wie organisiere ich meine **Arbeitsabläufe** und -kräfte?
5. Wie überwache ich Fortgang und **Erfolg** meines Vorhabens?

Stellvertretend für viele weitere Arbeitstechniker sei **René Descartes** erwähnt. **1637** formulierte er die **wissenschaftliche Arbeitsmethodik**, die sich von ihren Grundprinzipien her in späteren Abhandlungen anderer Autoren immer wiederfindet (➥ X/Y-Ungelöst):

1. Stelle das **Problem**, das zu lösen ist, so **klar** und **deutlich** wie möglich dar (schriftlich!).
2. **Zerlege** die Aufgabe in so **viele Teile**, wie es zur besseren Lösung erforderlich ist.
3. **Ordne** die Teilaufgaben nach ihren **inhaltlichen** und **zeitlichen** Kriterien.
4. **Erledige** alle Punkte, ohne etwas auszulassen, und setze sie wieder zur **Gesamtlösung** zusammen.

Grundlage aller Arbeitsmethoden ist folgende, prinzipielle Vorgehensweise:

✐ Machen Sie eine **Ist-Analyse**!
   (berufliche und persönliche **Situationsanalyse**)
✐ Definieren Sie Ihre **Ziele (Soll-Zustand)**!
✐ Ermitteln Sie das **Problem**
   (Abweichung zwischen vorgefundenem Ist- und angestrebtem Soll-Zustand), und suchen Sie **alternative** Lösungen!
✐ Planen, realisieren und kontrollieren Sie die **Problem-Lösung!**

A | Aufschieberitis

Warum?

Unerledigtes belastet

Aufschieberitis-Quotient*

* Quotient ist hier nicht "statistisch",
sondern als Wort-Schöpfung gemeint.

Auswertung:
1. Addieren Sie alle Kreuzchen
in den einzelnen Spalten
2. Multiplizieren Sie
die Spaltenergebnisse mit
— *3* bei "fast immer"
— *2* bei "öfter"
— *1* bei "fast nie"
3. Addieren Sie die Ergebnisse
zu Ihrem persönl. A.Q.*

Aufschieberitis

> "Die Menschen, die etwas von heute auf morgen verschieben, sind dieselben, die es bereits von gestern auf heute verschoben haben." *(Peter Ustinov)*

Schuldgefühle, Ängste und Aufregung über Termindruck sind oft das Resultat von **Aufgaben**, die wir **vor uns herschieben**.

Wie hoch ist Ihr **"Aufschieberitis-Quotient"***?

	fast immer	öfter	fast nie
(1) Ich erfinde Gründe und suche nach **Entschuldigungen**, um ein schwieriges Problem aufzuschieben.	☐	☐	☐
(2) Ich brauche **Druck**, um an schwierigen Aufgaben weiter zu arbeiten.	☐	☐	☐
(3) Es gibt zu viele **Unterbrechungen**, die mich abhalten, Wichtiges zu erledigen.	☐	☐	☐
(4) Ich vermeide klare Antworten, wenn ich um **unangenehme Entscheidungen** gebeten werde.	☐	☐	☐
(5) Ich vernachlässige **Kontrolle** und Nachbearbeitung bei wichtigen Projekten.	☐	☐	☐
(6) Ich versuche, daß **andere** unangenehme Dinge für mich erledigen.	☐	☐	☐
(7) Ich nehme **Arbeit mit nach Hause**, um sie abends oder am Wochenende zu erledigen.	☐	☐	☐
(8) Ich bin zu **müde** oder zu **nervös**, um wichtige Aufgaben anzupacken.	☐	☐	☐
(9) Ich muß erst **alles vom Tisch** wegarbeiten, um eine wichtige Aufgabe anzufangen.	☐	☐	☐
(10) Ich vermeide es, mir **Endtermine** zu setzen.	☐	☐	☐

Ist Ihr **Aufschieberitis-Quotient (A.Q.)***

10 - 15: haben Sie im allgemeinen **keine** Aufschieberitis-Probleme

16 - 22: haben Sie **durchschnittliche** Aufschieberitis-Probleme

23 - 30: haben Sie voraussichtl. **ernsthafte** Aufschieb.-Probleme

A

Aufschieberitis

Wie?

Anti-Aufschieberitis-Strategien
- **Bestandsaufnahme machen**
  - **Prioritäten setzen**

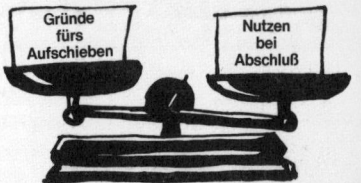

- **Aufgeschobene Aufgaben
  endlich beginnen**

- **Mitarbeiter, Freunde, Familien-
  angehörige einbeziehen**

- **Erfolgserlebnisse produzieren
  und belohnen**

Was?

**Schluß mit
Aufschieberitis!
Unangenehmes zuerst!**

**Selbstdisziplin und
Konsequenz**

Aufschieberitis

1. Aktivitätenliste
Legen Sie eine Liste mit allen aufgeschobenen und Sie belastenden Aufgaben an.

2. Prioritätensetzung
Fragen Sie sich selbstkritisch bei jedem Punkt: "Werde oder will ich diese Aufgabe jemals noch erledigen?" Wenn nein, streichen Sie dieses Vorhaben endlich.

3. Bilanz-Methode
Listen Sie für jede Aufgabe separat alle "Gründe für Ihr Aufschieben" und daneben die "Vorteile bei abschließender Erledigung" auf. Welche Seite wiegt nun inhaltlich schwerer?
- Überwiegen die Gründe fürs Aufschieben, gehen Sie wie in Strategie Nr. 2 vor.
- Überwiegen die Vorteile zur Erledigung, verfahren Sie nach den Strategien Nr. 4-7.

4. Salami-Taktik
Zergliedern Sie jede bisher aufgeschobene Aufgabe in kleine, konkret durchführbare Schritte. Beginnen Sie mit der ersten Teil-Aufgabe.

5. Erledigungstermin
Legen Sie für jeden Zwischenschritt einen konkreten Erledigungstermin fest. Übertragen Sie diese Termine in Ihre Tagesplanung.

6. Kontrolle
Lassen Sie sich durch andere fragen, ob Sie es tatsächlich geschafft haben. Ersatzweise können Sie sich auch selbst kontrollieren.

7. Belohnung
Nach jedem erfolgreichen Schritt gönnen Sie sich zusätzlich etwas Schönes — und sei es nur eine kleine Kaffeepause. Mit jedem erreichten Zwischenschritt wächst die Motivation zur Bewältigung der nächsten Teilaufgabe.

- Starten Sie gleich heute Ihre persönliche **Kampagne** gegen **Aufschieberitis!**
- Erledigen Sie Ihre unangenehmen **Schiebe-Aufgaben** von jetzt an **zuerst!**
- Beginnen Sie erst dann eine **neue Aktivität**, wenn Sie Ihre **Schiebe-Aufgabe** komplett **beendet** haben!

B | Besuchermanagement

Warum?

**Störungen durch
unangenehme
= unangemeldete Besucher**

**Management by
open doors**

**Angemeldete
Besucher**

Besuchermanagement

Viele Manager erledigen die "eigentliche" Arbeit erst nach offiziellem Dienstschluß. Tagsüber finden Sie keine Zeit, da es zuviele **Störungen** durch **unangemeldete** Besucher gibt: Mitarbeiter, Kollegen, Chefs, Kunden, Vertreter (heute: Verkaufsberater) u.v.m. Eine permanent offene Tür wird zwar von allen Beteiligten geschätzt, erweist dem Betroffenen aber einen Bärendienst:

Wer ständig für jeden sprechbar sein will, muß die **verlorene Zeit** abends wieder hereinholen. **Unangemeldete Besucher** sollten daher nicht mehr jederzeit zu Ihnen gelangen.

Für **angemeldete Besucher** gilt, die geplante Besprechungszeit so knapp wie nötig zu halten und so effektiv wie möglich zu nutzen.

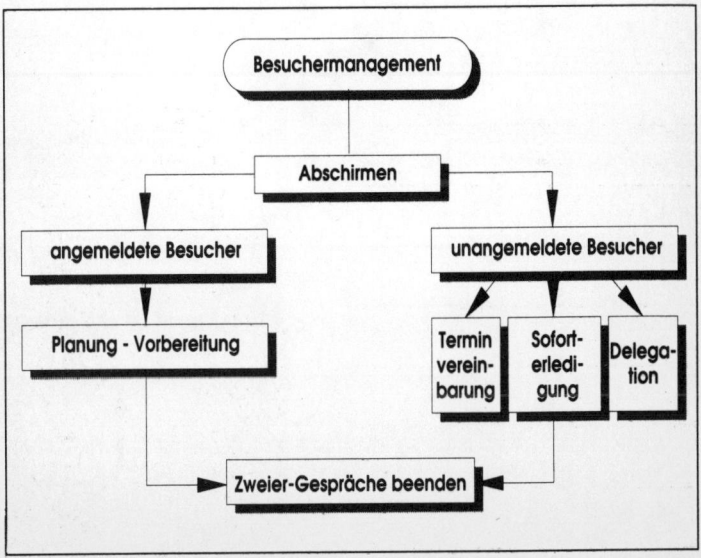

B | Besuchermanagement

Wie?

Abschirmen durch

- **Terminabsprache**
- **Prioritätenfilter**
- **Feste Sprechzeiten**
- **Stille Stunde**

Gesprächsvorbereitung

Unangemeldete Besucher

- **Terminvereinbarung**
  oder
- **Sofort-Erledigung oder**

- **Delegation**

Gespräche beenden

Was?

Management by closed shop

Gesprächsvorbereitung
(Check up)
Besprechungszeit
begrenzen

Besuchermanagement

1. Abschirmen vor Besuchern
- **Externe Besucher** sollten nur noch mit **Terminabsprache** empfangen werden.
- **Termine** sollten auch nur dann angenommen werden, wenn der Grund des Besuchs für Sie (!) **wirklich wichtig** ist.
- Für **interne Besucher** und Mitarbeiter gilt, daß für ihre Fragen möglichst **feste Sprechzeiten** eingerichtet werden.
- Zu bestimmten Tageszeiten ist es zweckmäßig, von unerwünschten ➡ Unterbrechungen vollkommen **abgeschirmt** zu sein (Stille Stunde).

2. Planung und Vorbereitung angemeldeter Besucher
- ➡ Gesprächsvorbereitung (Checkliste)

3. Umgang mit unangemeldeten Besuchern
Fragen Sie nach dem Anliegen des Besuches und je nachdem:
- Vereinbaren Sie einen späteren Termin und verabschieden den Besucher.
- Führen Sie das Gespräch kurz und knapp, um die bereits erfolgte Störung zu minimieren.
- Delegieren Sie das Gespräch an einen Mitarbeiter, eine andere Stelle oder Abteilung.

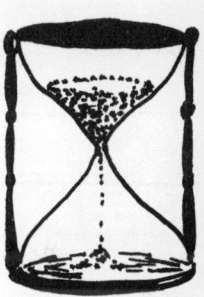

4. Gespräche rechtzeitig beenden
- Artikulieren Sie Ihr Bedürfnis und sagen Sie ganz einfach, daß Sie das Gespräch jetzt beenden möchten!

✏ Richten Sie **Empfangs- oder Sprechzeiten** (auch für Ihre Mitarbeiter) ein.

✏ **Schirmen** Sie sich vor unerwünschten Besuchern möglichst **ab**, und machen Sie Schluß mit dem Mythos von der offenen Tür!

✏ Planen und bereiten Sie gleich das **nächste Gespräch** mit einem angemeldeten Besucher **vor** (Checkliste!).

✏ **Begrenzen** Sie Ihre nächste Zweier-Besprechung zeitlich ganz bewußt, z.B. auf **30 Minuten!** (Uhr mit Signalton o.ä.)

C

Checklisten

**Checklisten bringen
Denkentlastung**

Warum?

**Arbeitsrationalisierung durch
Checklisten**

• **Routinisierung**

• **Sicherheit**

Eigene Checklisten

**Wiederkehrende Aufgaben
in einzelne Arbeitsphasen
zerlegen**

Checklisten

> "Was andere vor mir besser und gründlicher gedacht haben,
> will ich nicht noch einmal denken."
> *(Antike)*

Gewinnen Sie zusätzliche Zeit, indem Sie Ihre wiederkehrenden Arbeiten durch **Checklisten** rationalisieren. Dies hat vor allem zwei Vorteile:

- **Routinevorgänge** müssen nicht immer wieder neu durchdacht werden ("Das Rad nicht neu erfinden wollen").

- Es entfällt die Furcht, etwas vergessen zu können. Checklisten bieten ein Maximum an **Sicherheit** bei geringem Kontrollaufwand!

Entwickeln Sie Ihre **eigenen Checklisten**, zum Beispiel für
- Planung von Besprechungen
- Seminar-Organisation
- Projektüberwachung
- Neuprodukt-Einführungen
- Reisevorbereitung

Für welche Bereiche sehen Sie Möglichkeiten, **ständig wiederkehrende Vorgänge** durch **Checklisten** zu systematisieren?

- _____
- _____
- _____
- _____
- _____
- _____
- _____
- _____
- _____
- _____

19

C

Checklisten
Wie?

5 Stufen zur Erstellung einer Checkliste
1. Wiederkehrende Tätigkeit

2. Teilarbeiten

3. Reihenfolge

4. Gruppenbildung

5. Überarbeitung

Was?

Persönliche Checkliste
Vorgangs-Übersicht
Projekt-Planung

Checklisten

Das **Grundgerüst für eine Checkliste** können Sie sich wie folgt erarbeiten:

1. Wählen Sie eine Arbeit oder Tätigkeit aus
- die sich wiederholt
- die ähnlich erledigt wird

2. Zerlegen Sie den Gesamtablauf in Arbeitsphasen
- Was muß alles getan werden?
- Was muß alles beachtet werden?
- Wer muß ggf. gefragt oder kontaktiert werden?
- Wer ist zu informieren etc.?

3. Stellen Sie eine logische Reihenfolge zusammen
- Was hängt voneinander ab?
- Welche zeitlichen Bedingungen sind einzuhalten?
- Was baut sachlogisch aufeinander auf?
- Wo werden Zwischenergebnisse gebraucht?

4. Nehmen Sie eine Gruppenbildung vor
- Welche Tätigkeiten wiederholen sich?
- Wo gibt es logische Zwischenstops?
- Wo werden gleiche Hilfsmittel gebraucht?

5. Überarbeiten Sie Ihre vorläufige Checkliste
- Fehleranalyse
- Kritische Phasen
- Delegationsmöglichkeiten
- Probelauf
- Endkorrektur
- Fertige Checkliste

GERÜSTBAU
CHECKLISTE

✏️ Versuchen Sie, von Ihren **wiederkehrenden Arbeiten** Checklisten nach diesem 5-Stufen-Schema zu erarbeiten!

✏️ Entwickeln Sie auch für **Vorgänge** und **Projekte checklistenähnliche Formulare**!

D Delegationstechnik

Warum?

Delegation von
- Aufgaben
- Kompetenzen
- Verantwortung

Warum delegieren?

• **Gesamteffizienz im**
Unternehmen
• **Selbstentlastung und**
Zeitgewinn
• **Mitarbeiterentwicklung**

• **Aufgabenerledigung**

Delegationstechnik

> "Wer alleine arbeitet, addiert –
> wer zusammen arbeitet, multipliziert."
> *(Orientalische Weisheit)*

Delegation bedeutet die **Übertragung von Aufgaben** aus dem Funktionsbereich einer Führungskraft auf einen Mitarbeiter. Gleichzeitig sollten **Kompetenzen und Verantwortung** delegiert werden.

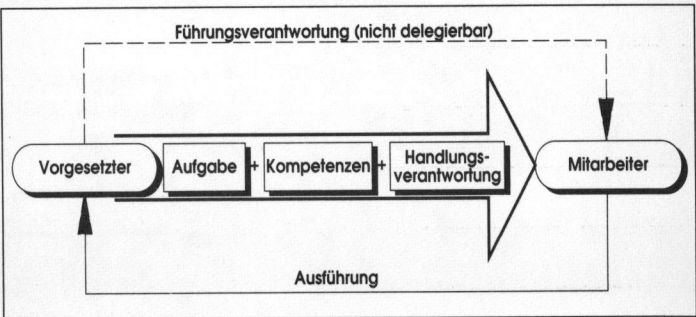

Richtiges Delegieren bringt für alle Beteiligten gleichermaßen **Vorteile**:

- das **Unternehmen** weiß die Aufgabenerledigung noch auf der jeweils höchsten Stufe der Kompetenz (Peter-Prinzip),
- die **Führungskraft** erfährt spürbare Entlastung und gewinnt Zeit für andere, d.h. wichtigere, Aufgaben,
- der **Mitarbeiter** wird systematisch an höherwertige Aufgaben herangeführt, gefördert und weiterentwickelt,
- die **Aufgabe** selbst wird schneller – und manchmal auch besser! – erledigt.

> **Die konventionelle Definition von Delegation ist, "Arbeit durch Leute verrichten zu lassen". Wir glauben, daß diese Definition veraltet ist. Echte Delegation bedeutet, "Leute durch Arbeit zu entwickeln".**
> **(nach Agha Hasan Abedi, BCCI-Bank)**

D Delegationstechnik

Wie?

Delegationstechnik
1. Was soll getan werden (Inhalt)?

2. Wer soll es tun (Person)?

3. Warum soll er es tun (Motivation, Ziel)?

4. Wie soll er es tun (Umfang, Details)?

5. Womit soll es gemacht werden (Arbeitsmittel)?

6. Wann soll es erledigt sein (Zwischen- und Endtermine)?

Was?

Aktivitäten-Liste

Delegationsliste

Delegationstechnik

6 W-Regeln für den Delegationsauftrag

WAS?
- Was ist überhaupt alles zu tun? ....
- Welche Teilaufgaben sind im einzelnen zu erledigen? ....
- Welches Ergebnis wird angestrebt? ....
- Welche Abweichungen v. Soll können in Kauf genommen werden?
- Welche Schwierigkeiten sind zu erwarten? ....

WER?
- Wer ist geeignet, diese Aufgabe oder Tätigkeit auszuüben? ....
- Wer soll bei der Ausführung mitwirken? ....

WARUM?
- Welchem Zweck dient die Aufgabe oder Tätigkeit
  (Motivation, Zielsetzung)? ....
- Was passiert, wenn die Arbeit nicht o. unvollst. ausgeführt wird?

WIE?
- Wie soll bei der Ausführung vorgegangen werden? ....
- Welche Verfahren sollen angewendet werden? ....
- Welche Vorschriften und Richtlinien sind zu beachten? ....
- Welche Stellen, Abteilungen sind zu informieren? ....
- Welche Kosten dürfen entstehen? ....

WOMIT?
- Welche Hilfsmittel sollen eingesetzt werden? ....
- Womit muß der Mitarbeiter ausgerüstet sein? ....
- Welche Unterlagen werden benötigt? ....

WANN?
- Wann soll/muß mit der Arbeit begonnen werden? ....
- Wann soll/muß die Arbeit abgeschlossen sein? ....
- Welche Zwischentermine sind einzuhalten? ....
- Wann will ich über den Fortschritt der Aufgabe vom
  Mitarbeiter informiert werden? ....
- Wann muß ich was kontrollieren, um ggf. einzugreifen? ....

☞ Investieren Sie mehr Vertrauen in andere, und überprüfen Sie Ihre **Aktivitäten-Liste** darauf, was Ihre Mitarbeiter für Sie tun könnten!

☞ Legen Sie eine **Delegationsliste** an, um die von Ihnen delegierten Aufgaben im Griff zu behalten und terminlich zu kontrollieren.

E Erfolgsmethoden

**Def.: Erfolg ist der Grad und
die Art der Ziel-Erreichung
(Hardy Wagner)**

Warum?

Unzählige Methoden

Viele Erfolgs-Lehrer

Nutzen

Jeder hat Potential

Erfolg ist lernbar

> "Zum Erfolg gibt es
> keinen Lift.
> Man muß die Treppe
> benutzen."

Erfolgsmethoden

> "Für den Optimisten ist das Leben kein Problem,
> sondern bereits die Lösung."
> *(Marcel Pagnol)*

Um **Erfolge** systematisch zu verursachen, wurde eine nahezu unübersehbare Flut von Gesetzen, Regeln und Techniken entwickelt, die für viele Arbeitserleichterung, Lebenshilfe und Fortkommen bedeuten.

Bekannte **Erfolgsmethodiker** wie Gustav Großmann, Josef Hirt, Wolfgang Mewes, Oscar Schellbach oder Alfred R. Stielau-Pallas im deutschsprachigen Raum und Frank Bettger, Dale Carnegie, Napoleon Hill, Joseph Murphy, Norman Vincent Peale in den USA haben viele Millionen Schüler – und ihren Markt – gefunden.

Welchen Nutzen bieten nun die sog. **Erfolgsmethoden**?

> "Wenn Du einmal Erfolg hast, kann es Zufall sein.
> Wenn Du zweimal Erfolg hast, kann es Glück sein.
> Wenn Du dreimal Erfolg hast, so sind es Fleiß und
> Tüchtigkeit."

Jeder Mensch ist der Gestalter seines eigenen Lebens. In jedem steckt das Potential, um ein sinn- und gehaltvolles Leben zu führen. Erfolgsmethoden helfen, denn auch Erfolg kann gelernt und trainiert werden.

E

Erfolgsmethoden

Wie?

> "Der Weg ist das Ziel."
> *(ZEN)*

Kein Dogma
Methodisches Arbeiten

Kraft der inneren Einstellung

Spielregeln des Erfolgs
nach A. Stielau-Pallas:

1. Zielsetzung
2. Konzentration

3. Selbstvertrauen
4. Entscheidungsfreude
5. Gute Beziehungen

6. Image

7. Motivation
8. Selbstverwirklichung
Mut/Konsequenz

Was?

Erfolgsprogrammierung beachten
• viel Arbeit
• Zielerreichung

Erfolgsfaktor
auswählen

Erfolgsmethoden

> "Auch die längste Reise beginnt mit dem ersten Schritt."
> *(Chinesische Weisheit)*

Mit welcher **Erfolgsmethode** kommt man nun voran? Die Frage nach der **richtigen** Methode ist nicht allgemein zu beantworten. Viele erfolgreiche Persönlichkeiten sind auf unterschiedliche Weise erfolgreich geworden. Entscheidend ist jedoch, **überhaupt methodisch gearbeitet**, konsequent durchgehalten und **an sich selbst geglaubt** zu haben.

Es gibt kein **Patentrezept** für den Erfolg, aber viele Wege dorthin! Die **Hauptfaktoren**, die wirklich Erfolgreiche auszeichnen, sind (vgl. A. Stielau-Pallas):

1. Sie **wissen** genau, **was Sie wollen.**
2. Sie setzen Ihre Energie **konzentriert** und wirkungsvoll ein.
3. Sie besitzen ein gutes **Selbstvertrauen**.
4. Sie treffen klare **Entscheidungen**.
5. Sie haben klare Verhältnisse in allen Ihren **Beziehungen**.
6. Sie wissen sich und Ihre Ziele gut zu **verkaufen**.
7. Sie können sich und andere **motivieren**.
8. Sie kennen Ihren **Lebenszweck**.

Es gibt nicht wenige **Methodik-Spezialisten**, die von Methode zu Methode eilen und vieles einmal angefangen haben, anstatt bei einer Methode zu bleiben und weiterzumachen.

☞ Bedenken Sie bei der Anwendung Ihrer **Erfolgsmethode**:
- Wer stets an viel Arbeit denkt, wird stets **viel Arbeit** haben.
- Wer stets an seine Zielerreichung denkt, wird seine **Ziele** auch erreichen.

☞ Wählen Sie heute einen **Erfolgsfaktor** aus, an dem Sie bewußt arbeiten wollen.

F

Freizeit

Warum?

Überbetonung einzelner
Lebensbereiche führt
zu Defiziten in anderen
Bereichen:

• zwischenmenschliche
Kontakte leiden

• körperliche und seelische
Regeneration unterbleiben

Peseschkians*)
Balance-Modell

*) Die Verfasser danken
Dr. N. Peseschkian, Facharzt und
Gründer der "Deutschen Gesellschaft
für Positive Psychotherapie", für seine
wertvollen Anregungen, die er auf
der Basis langjähriger Untersuchungen
in 18 Kulturen gewann.

Freizeit

Alle Kapitel dieses Buches helfen Ihnen, Ihre Leistung zu verbessern. **Leistung** ist jedoch nur ein – wenngleich wichtiger – Bereich des Lebens. Wird er einseitig **überbetont**, leiden Freizeit und damit drei andere – nicht minder wichtige – Bereiche:

- Qualitativ hochwertige **Kontakte** zum Ehe- oder Lebenspartner, zu den Kindern, Eltern, Freunden und Ihren Mitmenschen werden nachhaltig gestört, wenn berufliche Verpflichtungen sie immer wieder erschweren.
- Für den **Körper** wird häufig erst dann etwas getan, wenn gesundheitliche Schwierigkeiten sich abzeichnen. Regeneration, Muße und liebevolle Pflege der Gesundheit unterbleiben oft.
- Die Frage nach dem **Sinn** des Ganzen wird nicht oder nur oberflächlich gestellt, wenn unablässiges Arbeiten Fantasie, die Auseinandersetzung mit der Zukunft und natürliche Kreativität unterdrückt.

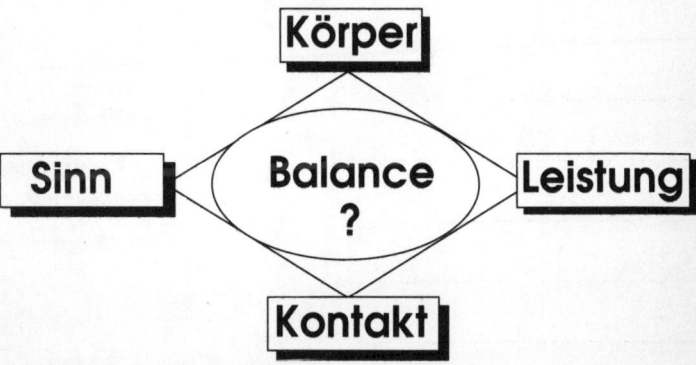

Alle vier Bereiche bilden nach Dr. N. Peseschkian die Seiten eines Quadrats, das außer Balance gerät, wenn Bereiche stark über- oder unterbetont werden. In **innerer Balance** werden Sie immer dann sein, wenn Sie allen vier Bereichen gleichermaßen Ihre Aufmerksamkeit und Zeit schenken.

F

Freizeit

Wie?

Bestandsaufnahme vornehmen
Welche Bereiche dominieren:
- **Leistung?**
- **Kontakte?**

- **Körper?**

- **Sinn?**

Bestandsaufnahme
auswerten

104 Tage Zusatzurlaub
bewußt ausnutzen

Was?

"Allah hat die Zeit erfunden,
doch von der Eile hat er
nichts gesagt!"

Freizeit

1. Bestandsaufnahme

Machen Sie eine persönliche Bestandsaufnahme:
Lassen Sie die **letzten vier Wochen** Revue passieren – Wo blieben
Ihre Zeit und Energie?

- Dominierte der Bereich der **Arbeit**, also die "Leistung"?
- Haben Sie sich Zeit für Ihre **Familie**, Freunde und Ihre Mitmenschen gelassen – also für qualitativ hochwertige Kontakte?
- Schenkten Sie Ihrem **Körper** genügend Aufmerksamkeit? Gönnten Sie sich Muße, Zeit zur Regeneration, zum Auftanken?
- Haben Sie Raum gelassen für Fantasie, die Frage nach dem **Sinn**, dem Glauben, der Intuition und neuen Ideen?

2. Wertung

Werten Sie Ihre persönliche Bestandsaufnahme aus:

- Welchem Bereich würde eine Stärkung guttun?
- Welchen Nutzen hätte das für Sie?

3. Konsequenzen

Ziehen Sie daraus Ihre Konsequenzen:

> **"Wenn nicht jetzt, wann dann...?"**

Haben Sie schon einmal bewußt daran gedacht, daß Sie eigentlich
rund **100 Tage** zusätzlichen Urlaub im Jahr zur Verfügung haben?
Viele leben nur für den "großen" Jahresurlaub. Nutzen Sie gezielt die
vielen, "kleinen" **Kurzurlaube** an den **Wochenenden** (52 x 2 = 104
Tage), und gewinnen Sie dieser wertvollen Zeit neue Werte im Sinne
des **Balance-Modells** ab!

- Was werden Sie heute konkret tun, um in **Muße** einen "schwachen" Bereich zu stärken?
- Wie können Sie es so tun, daß Sie **Freude** daran haben?

G Gesprächsvorbereitung

Warum?

**Zeitdieb Nr. 1:
schlecht vorbereitete
Gespräche**

**Warum Gespräche
vorbereiten?**

**Gesprächsführer
• Zeit sparen
• Ruhe gewinnen**

**• Einwände schon vorher
entkräften
• Kompetenz gewinnen**

**Gesprächspartner
• Dankbarkeit
• Kunde fühlt sich
ernstgenommen
• Nutzen klar**

Gesprächsvorbereitung

Gäbe es einen Wettbewerb um die typische Manager-"Un"tätigkeit, würden **Gespräche** mit Sicherheit den ersten Platz belegen: Zweier-Gespräche, Konferenzen, Telefonate, Kundenbesuche u.v.m. **Unzureichende Vorbereitung** ist eine Hauptursache geringer Gesprächseffizienz.

Eine gute **Gesprächsvorbereitung** bringt beiden Gesprächspartnern Vorteile und Nutzen.

Sie als **Gesprächsführer**:
- sparen **Zeit** – weil Sie schneller zum Kern der Sache kommen,
- zeigen **Stärke** – weil Sie Einwände, da vorher bedacht, sofort entkräften können,
- gewinnen an **Kompetenz** – weil Sie selbst "Kleinigkeiten" schon mit Fakten überlegt haben,
- haben **Erfolg** – weil Sie vorher wis-
sen, was Sie
hinterher
erreicht
haben
wollen.

Und Ihr **Gesprächspartner**:
- ist dankbar – weil auch er wertvolle Zeit gewinnt,
- fühlt sich **wichtig genommen** – weil Sie sich auf seine spezielle Situation eingestellt haben,
- fühlt sich wohl – weil Sie ihm klar den **Gesprächsnutzen** verdeutlicht haben.

G Gesprächsvorbereitung

Wie?

Vorbereitung des Gesprächs
· Zielsetzung

· Vorinformationen

· Unterlagen, Hilfsmittel

· Gesprächseröffnung

· Besprechungspunkte

· Einwände und Antworten

· Relative Stärken

Check-up
für Gesprächsvorbereitung

Was?

Schriftliche Vorbereitung
bringt:
· Zeitgewinn
· Klarheit

Gesprächsvorbereitung

7 Fragen zur erfolgreichen Gesprächsvorbereitung:

1. Was ist das **Ziel** des Gesprächs?

> **Grundregel: Kein Gespräch ohne klare, meßbare Zielsetzung!**

2. Welche **Vorinformationen** über Ihr Gegenüber, das Unternehmen oder das Problem haben oder benötigen Sie?
3. Welche **Unterlagen** oder **Präsentationsmittel** brauchen Sie für einen kompetenten Eindruck?
4. Wie wollen Sie das **Gespräch eröffnen**, z.B. das Interesse Ihres Kunden oder Chefs wecken?
5. Welche **Besprechungspunkte** wollen Sie anschneiden?
   Notieren Sie Ihre Probleme, und überlegen Sie sich Lösungen!
6. Mit welchen **Einwänden** rechnen Sie - und was sagen Sie kompetent und sachlich jeweils dazu?
7. Was sind Ihre besonderen **Stärken** – und worin unterscheiden Sie sich von anderen Mitarbeitern, Anbietern o.ä.?

Gesprächsvorbereitung	
Planung:	• Termin • Thema • Zeitlimit • Vorbereitung • Unterlagen
Eröffnung:	• Kurze Begüßung • Direkt auf Kernpunkt
Verlauf:	• Thementreu bleiben • Aktiv zuhören
Abschluß:	• Konkrete Aufgabenverteilung (Follow up) • Einhaltung des Zeitlimits • Kurze Zusammenfassung • Beendigung mit persönlichen Worten

✏ Legen Sie **vor** jedem wichtigen Gespräch einen Besprechungsplan an, damit Sie später

✏ **während** des Gesprächs alle Beschlüsse, Ergebnisse und Maßnahmen eindeutig festlegen können!

H — Hilfsmittel ZPB

Warum?

**Führungskräfte als
Simultan-Spieler**

**Koordination und
Kontrolle von Aufgaben,
Terminen und Menschen**

Permanenter Überblick

**"Kopf frei" mit
dem Zeitplanbuch**

**Anwendungsbereiche
und Hilfsmittel
eines ZPB**

**Vorteile eines ZPB
• Übersicht
• Koordination
• Kontrolle**

Hilfsmittel ZPB

> "Ein entschlossener Mensch wird mit einem Schrauben-
> schlüssel mehr anzufangen wissen als ein unent-
> schlossener mit einem Werkzeugladen." *(E. Oesch)*

Führungskräfte gleichen vielfach einem Schachspieler, der versucht, zwanzig oder mehr Partien simultan zu spielen:

- **Projekte**, die aus vielen Einzel-Aktivitäten bestehen,
- **Zusagen**, die eingehalten werden wollen,
- **Termine**, die gemacht worden sind,
- **Mitarbeiter**, die versprachen, Aufgaben zu erledigen,
- **Kunden**, bei denen "nachgefaßt" werden soll etc.

Alle diese Aktivitäten müssen geplant, organisiert und kontrolliert werden!

Ein Weltklasse-Schachspieler hat alle Züge (inklusive der Konse-quenzen!) abrufbereit gespeichert. Die Führungskraft fühlt sich da–gegen oft überfordert, alles im Kopf zu behalten. Abhilfe schafft hier ein geniales, einfaches Hilfsmittel: das **Zeitplanbuch (ZPB)**. Es bietet **alles in einem**:

- Terminkalender und Tagebuch
- Notizbuch und Projektübersicht
- Planungsinstrument und
  Nachschlagewerk
- Gedächtnisstütze und
  Kontrollwerkzeug
- Zettelkasten und Ideenspeicher
- Telefon- und Adreßregister
- "Knoten im Taschentuch"
  und vieles mehr …

Die besonderen **Vorteile** liegen auf der Hand – ein Zeitplanbuch:
- schafft Übersicht über anstehende Aufgaben,
- koordiniert Aufgaben und Termine zielorientiert und
- ermöglicht damit erfolgreiche Erledigung und Kontrolle.

H

Hilfsmittel ZPB

Wie?

**Mit Ringmechanik
immer aktuelle Daten**

**Zeitplanbuch
= alles in einem:**

**• Termine
• Aufgaben-Wiedervorlage
• "Wandelndes" Büro
• Adressen- und
Telefonregister**

**Anwendung des Zeitplanbuchs:
• mehr Zeit zum Arbeiten
• mehr Zeit zum Leben**

Was?

**Zeitplanbuch nutzen,
täglich 1 Stunde
Zeit gewinnen
Konsequenz = Erfolg**

Hilfsmittel ZPB

Hohen Nutzen ziehen Sie aus Ihrem Zeitplanbuch, wenn es vom **Inhalt** und **Aufbau** her mit flexibler **Ringmechanik** alle wesentlichen Kalenderteile, persönlichen und allgemeinen Informationen im direkten Zugriff ("alles in einem") jederzeit für Sie verfügbar macht.

Wenn Sie mit einem **Zeitplanbuch** arbeiten, können Sie damit zwei Dinge bewirken:

- Entweder Sie erreichen damit, Ihre Zeit so einzuteilen, daß Sie **noch mehr Zeit zum Arbeiten** haben.

- Oder Sie können damit gewinnen, nämlich Ihre Zeit so einzuteilen, daß Sie **mehr Zeit für sich selbst** (Freizeit, Familie) haben.

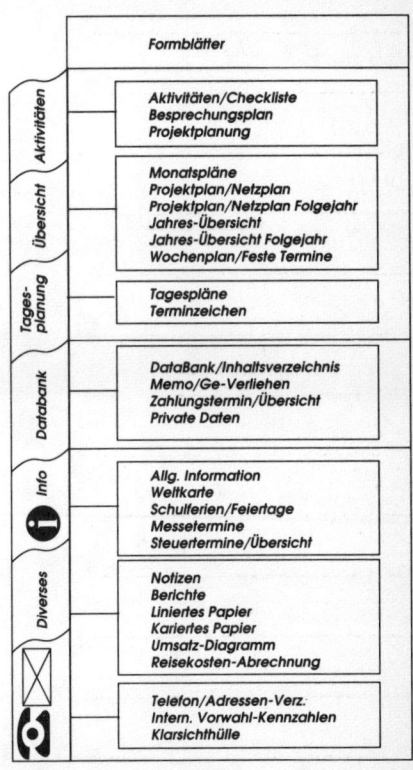

Nutzen Sie Ihr Zeitplanbuch **täglich**. Es ist das wichtigste Hilfsmittel für Ihre persönliche Arbeitstechnik. Erfahrungsgemäß gewinnen Sie dadurch mindestens 1 Stunde am Tag.

Bleiben Sie **konsequent**: Halten Sie Ihr ZPB auf dem laufenden, "misten" Sie alte Daten regelmäßig (z.B. monatlich) aus.

41

I Informationsbearbeitung

Warum?

Sind Sie ein "Papierschieber"?

Informationsgesellschaft

(Abb. aus: P. Russell,
Die erwachende Erde,
München: Heyne 1984, S. 94)

**Täglich (!)
6.000 - 7.000 Fachartikel**

**50% überflüssig!
Informationen kanalisieren**

· Zeitgewinn

· Überblick

· Prioritäten

· zügige Information anderer

Informationsbearbeitung

> "Gewöhnlich ist der im Leben Erfolgreichste
> auch der Bestinformierte."
> *(Benjamin Disraeli)*

Sicher haben Sie sich schon einmal dabei beobachtet:
Sie nehmen einen "Vorgang" auf, lesen ihn an, legen ihn wieder hin, schieben ihn später von einem Stapel zum anderen, vergessen nach einiger Zeit völlig, um was es ging, lesen sich wieder ein und so weiter....! Beunruhigend dabei ist vor allem: Ihr Papierstapel wächst und wächst!

Unsere Industrienation ist längst eine **Informationsgesellschaft** geworden. **Täglich** werden wir mit einer nie dagewesenen Flut an Informationen überschüttet: Weltweit erscheinen z.B. 6.000 bis 7.000 technische und wissenschaftliche Artikel! Zukünftig wird sich dieses Wissen alle 20 Monate verdoppeln.

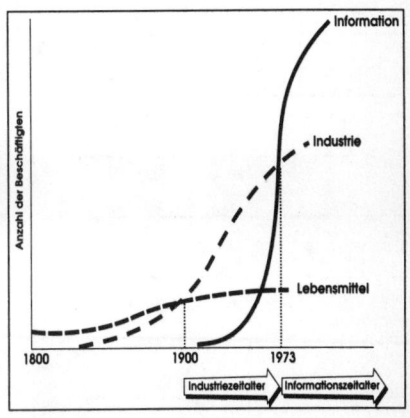

Das Problem in der Praxis ist jedoch:

50% der umlaufenden betrieblichen Informationen sind überflüssig!

Effektive Informationsbearbeitung bringt für alle Beteiligten gleichermaßen Nutzen:

- Sie gewinnen **Zeit**: Bis zu 30% eines Tages gehen durch ineffektives "Papierschieben" verloren!
- Sie gewinnen **Überblick**: Mit einem Griff finden Sie die gewünschten Informationen!
- **Wesentliches** wird sofort erkannt: Daten werden nach klar erkennbaren Prioritäten bearbeitet!
- **Andere** können zügig weiterarbeiten: Informationen werden sofort an den Richtigen weitergeleitet !

I Informationsbearbeitung

Wie?

Entscheiden Sie bei allen Informationen sofort Wen betrifft es?

Wie wichtig ist es?

Wie hoch ist der Zeitbedarf?

Wie dringlich ist es?

Was ist also mit der Information zu tun?

Einfaches Schreibtisch-System:

- Eingang
- Ausgang

- Sofort tun
- Lesen

- Wiedervorlage
- Projekt-Info

Was?

- Entscheidungsbaum

- Schreibtisch-System

Informationsbearbeitung

So kanalisieren Sie Ihre **Informationsflut** effektiv:

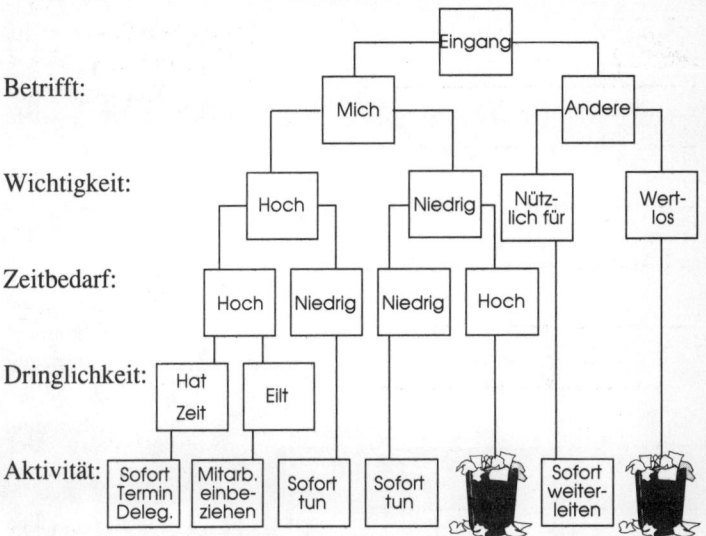

Mit diesem **Schreibtisch-System** behalten Sie den **Überblick**:

Eingangskorb: eingehende Post und Informationen
Ausgangskorb: Informationen/Aufgaben für Mitarbeiter

Roter Korb: Sofort zu tun
Grüner Korb: Lesen

Pultordner/Hängemappen mit Termin-"Reitern": Wiedervorlage
Hängemappen: Projekte, Sonderaufgaben, Ideen

Papierkorb: "End-Ablage"

☞ Bearbeiten Sie alle neu eingehenden Informationen nach dem **Entscheidungsbaum** (einschl. Aktivitäten)!

☞ Ordnen Sie die Informationen dem **Schreibtisch-System** zu!

J Jahresplanung

Warum?

Viele Probleme haben ihre Ursache im langfristig-strategischen Bereich

**Tagesplanung
Jahresplanung
Ziele festlegen
und überprüfen
System der Zeitplanung**

**Regelmäßige
Jahresplanung**

Jahresplanung

> "Wer nicht genau weiß, wohin er will, braucht sich nicht
> zu wundern, wenn er ganz woanders ankommt."
> *(Robert F. Mager)*

Die mittel- und langfristige **Erfolgsbilanz** vieler Führungskräfte und
Mitarbeiter zeigt leider allzu häufig, daß sie ihren **strategischen
Zielen** nur unzureichend nachgegangen sind, weil sie sich im Arbeits-
alltag zu sehr von ihren tatsächlichen Hauptaufgaben haben ablenken
lassen.

Neben der kurzfristigen ➡ **Tagesplanung** ist die **Jahresplanung** der
Zeitraum, für den Sie regelmäßig Ihre beruflichen und privaten Ziele
festlegen und überprüfen sollten. Eine Quartals-, Monats- oder Wo-
chenplanung **kann** darüber hinaus Bestandteil Ihres persönlichen
Systems einer Zeitplanung werden; dies hängt jedoch vom jeweili-
gen Einzelfall ab.

Auf jeden Fall sollte aber **regelmäßig** die Frage nach den aktuellen
jährlichen Zielen und Plänen gestellt werden!

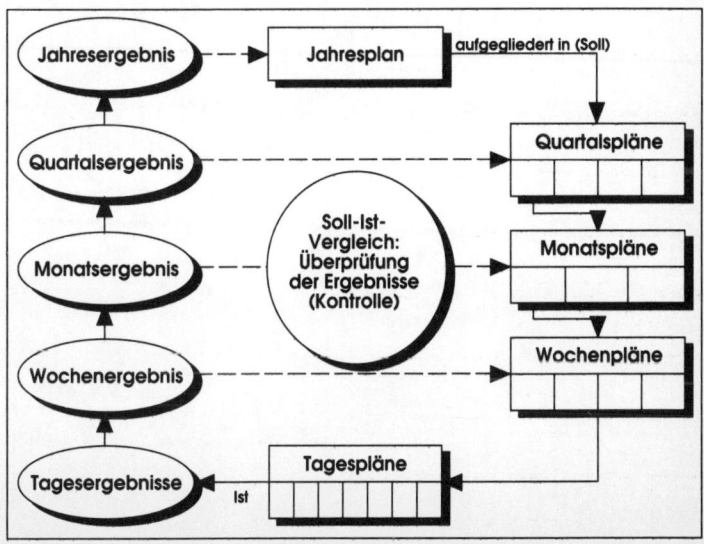

47

J

Jahresplanung

Wie?

**Alle Jahre wieder . . .
Aufgaben und Ziele der
nächsten 12 Monate**

Begrenztes Zeitkontingent

Jahresplanung

• Erfolgsbilanz

• Jahresleistungsziel

• Jahreserfolgsziele

Was?

Zielplan

Wieplan

Jahresplanung

Legen Sie am Ende des Vorjahres, spätestens jedoch am **Jahresanfang**, fest, welche größeren **Aufgaben und Ziele** Sie für die nächsten 12 Monate angehen wollen.

Sie können jedoch nur noch einen Teil frei verfügbarer Zeit verplanen. Ein bestimmtes Kontingent wird durch Routinearbeiten, Besprechungen, Termine, Dienstreisen, Fortbildungsmaßnahmen, Urlaub etc. in Anspruch genommen werden.

Wie gehen Sie nun bei der **Jahresplanung** vor?

- Erstellen Sie eine **Erfolgsbilanz** des Vorjahres (größte Erfolge, Leistungen, Freuden etc.).
- Definieren Sie Ihr übergeordnetes **Leistungsziel**, das Sie ggf. aus einem Lebenszielplan ableiten (Unternehmensziel, Abteilungsziel, persönliches Ziel, z.B. Jahreseinkommen).
- Formulieren Sie die gewünschten **Erfolgsziele** für dieses Jahr auf einer Liste (Planungsformular).
  - **Innovationsziele**: Was soll neu entwickelt, eingeführt, verändert werden?
  - **Verbesserungsziele**: Was soll erhöht, reduziert, welche Probleme sollen gelöst werden?
  - **Erhaltungsziele**: Was soll beibehalten, fortgeführt, verlängert werden?
  - Welche **persönlichen Ziele** wollen Sie in bestimmten Bereichen erreichen?

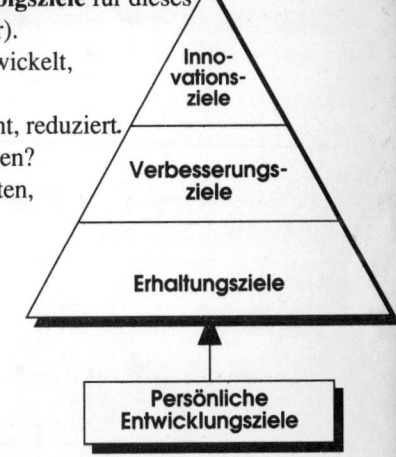

✏️ Formulieren Sie gleich am nächsten Samstag einen ➤ **Zielplan** für den Rest dieses Jahres!

✏️ Planen Sie hierzu auch die Zielerreichung nach der ➤ **Wieplan-Technik**!

K Korrespondenz

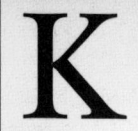

Warum?

Informationsflut kanalisieren, statt in ihr zu ertrinken

300 Prozent mehr Schriftgut

Effektive Korrespondenz

- **rationelle Postbearbeitung**
- **optimales Diktieren**
- **geeignete Korrespondenzmittel**

Korrespondenz

> "Der Papierkorb ist der beste Freund des Menschen
> – im Büro."
> *(Büroweisheit)*

"Ertrinken" auch Sie in der **Briefflut**? Heute überschwemmen Werbebriefe, Geschäftspost, Angebote, Rechnungen und Mahnungen den Schreibtisch. Ablagesysteme bersten, Papierkörbe quellen über, und Aktenvernichter fahren Überstunden.

Schätzungen von Fachleuten ergaben: In den letzten 15 Jahren stieg das zu verarbeitende **Schriftgut** um cirka 300 Prozent. Ein immer größer werdender Teil unserer Zeit wird durch Papierverarbeitung gebunden.

Abhilfe schafft hier **effektive Korrespondenz**-Arbeit. Damit entlasten Sie sowohl sich **selbst** als auch Ihre **Sekretärin**:

- durch **Vorsortieren** Ihrer Post konzentrieren Sie sich auf das für Sie Wesentliche,
- der **Posteingang** wird möglichst einmal und abschließend bearbeitet,
- Sie und Ihre Sekretärin sparen Zeit durch effektives **Diktieren**
- durch Auswahl des jeweils richtigen **Korrespondenzmittels** sparen Sie Zeit und Kosten.

Zeitaufwand für Diktierverfahren bei gleichem Textumfang: *)		
Steno-Diktat	**Stichwort-Diktat**	**Phono-Diktat**
diktieren: 37 Min.	diktieren: 12 Min.	diktieren: 30 Min.
+stenografieren: 37 Min.	stenografieren: 12 Min.	
+schreiben: 63 Min.	formul./schreiben: 88 Min.	schreiben: 53 Min.
Total: 137 Min.	Total: 112 Min.	Total: 83 Min.
(=100%)	(=80%)	(=60%)

*) L. Steinherr, Selbstentlastung durch effektive Planungs-, Organisations- und Arbeitstechnik, Kissing: Weka 1980, S. 120.

K | Korrespondenz

Wie?

Ration. Eingangspost:
- vorsortieren

- **Papierkorb nutzen**
- **schnell weiterleiten**

- **Bearbeit.-Vermerke**
- **einmal und abschließend bearbeiten**

Morning in =
Evening out

Rationelle Diktate:
- Hilfsmittel nutzen
- Unterlagen bereitstellen

- deutlich sprechen

Rat. Korrespondenz:
- Sofort-Antwort

- **Kurz-Brief**
- **Telefon**
- **Mailbox**
- **Textbausteine**
- **Blockbildung**
- **k-k-k**

Was?

- Vorsortieren
- Diktieren statt telefonieren
- Sofort-Erledigung

Korrespondenz

1. So wird Ihre Eingangspost schnell und sicher bearbeitet:

- Lassen Sie Ihre Post in Mappen vorsortieren:

1. Mappe:	**2. Mappe:**	**3. Mappe:**
erfordert Ihre sofortige Reaktion	wichtige Information für Sie	weniger wichtige Informationen

- Informationen ohne Wert: sofort in den **Papierkorb**.
- **Leiten** Sie sofort **weiter**, was andere bearbeiten können.
- **Markieren** Sie sofort wichtige Stellen im Schreiben.
- Machen Sie sofort **Bearbeitungsvermerke** im Text.
- **Erledigen** Sie sofort, was **sofort** abzuschließen ist.
- Bearbeiten Sie **Schriftstücke** möglichst nur **einmal**.

> **Grundregel:** Was morgens an Post hereinkommt, sollte abends auch wieder hinausgehen!

2. So diktieren Sie effektiv:

- Benutzen Sie ein professionelles **Diktiergerät**.
- Legen Sie zu Beginn alle **Unterlagen** bereit.
- Diktieren Sie Ihre Schreiben in einem **Zeitblock**.
- Sprechen Sie **deutlich**, buchstabieren Sie Schwieriges.

3. So korrespondieren Sie effektiv:

- Nutzen Sie die **"Sofort-Antwort"**: senden Sie Original-Schreiben mit Ihrem handschriftlichen Vermerk zurück.
- Setzen Sie vorgedruckte **"Kurz-Briefe"** ein.
- Überprüfen Sie, ob Telefon, Fernschreiber, Teletex , Telefax oder **Mailbox** nicht effektiver sind.
- Legen Sie Musterbriefe oder EDV-**Textbausteine** an.
- Erledigen Sie Ihre Korrespondenz **blockweise**.
- Drücken Sie sich **kurz, klar** und **kulan**t aus.

✏️ Lassen Sie ab heute Ihre Post vorsortieren!

✏️ Werden Sie ein perfekter "Diktator"!

✏️ Nutzen Sie alle Möglichkeiten, Ihre Korrespondenz zu vereinfachen und zu beschleunigen!

Warum?

Herkömmliches Lesen:

- zu langsam
- zu viel
- zu wenig behalten

geringe Blickspanne

Test

**Auswahl
+ Schnelligkeit
+ Verständnis
= Profi-Lesen**

Lesetechniken

> "Lesen ohne System wäre Zeitverlust
> und Geldverschwendung."
> *(W. Zielke)*

Durchschnittlich **30 %** ihrer **Zeit** verbringen Führungskräfte mit **Lesen. Zeitverluste** entstehen dabei vor allem durch:

• ineffektive Lesetechniken,
• Lesen nutzloser Informationen und
• mangelhafte Speicherung des Gelesenen.

Langsame Leser erfassen mit einem Blick nur wenig. Je mehr ein Blick erfaßt, desto weniger strengen Sie Ihre Augen an, und um so schneller lesen Sie. Überprüfen Sie Ihre derzeitige **Blickspanne:**

Blicken Sie auf die Mittellinie, und beginnen Sie beim obersten Buchstabenpaar. Bis zu welcher Zeile nehmen Sie noch beide Buchstaben wahr?

Blickspannenübersicht

```
        J - - 1 - U
       L - - - - 2 - - - - I
      A - - - - - 3 - - - - - S
     O - - - - - - 4 - - - - - - P
    H - - - - - - - 5 - - - - - - - I
   A - - - - - - - - 6 - - - - - - - - G
  R - - - - - - - - - 7 - - - - - - - - - A
 I - - - - - - - - - - 8 - - - - - - - - - - C
H - - - - - - - - - - - 9 - - - - - - - - - - E
N - - - - - - - - - - - 10 - - - - - - - - - - B
```

Ohne Training lesen Sie 200-250 Worte pro Minute (WpM) -
mit Training schaffen Sie 400-500 WpM und behalten mehr!

Hohe **Lese-Geschwindigkeit** allein ist sinnlos. Sie muß ergänzt werden durch ein hohes **Lese-Verständnis** und vor allem zielorientierte **Lese-Auswahl.**

L Lesetechniken

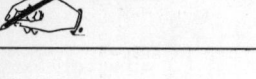

Wie?

Lese-Auswahl
• Prioritäten setzen

Lese-Geschwindigkeit
• Blickspanne weiten

• Fixierungen pro Zeile
reduzieren

• Mitsprechen minimieren

Lese-Verständnis
• Neugier aktivieren

• Überblick verschaffen

• Aufhören oder
genau lesen

• Auswerten und anwenden

Was?

Blickspanne trainieren
Lesezeiten planen

Lesetechniken

So treffen Sie eine zielorientierte Lese-Auswahl:

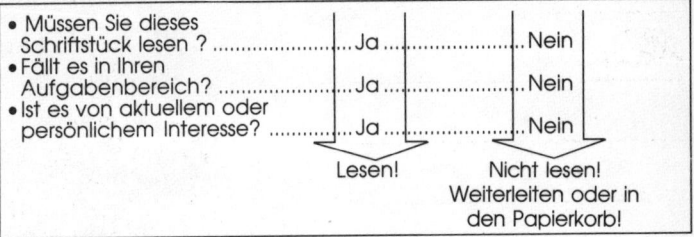

So erhöhen Sie Ihre Lese-Geschwindigkeit:

- Vor dem Lesen erweitern Sie regelmäßig 1-2 Minuten lang Ihre Blickspanne mit der **Blickspannen-Übersicht** (neue Übersichten sind schnell angefertigt).
- Beim Lesen von Texten mit geringer Zeilen-Breite (z.B. Zeitungsartikel) fixieren Sie anfangs zweimal, später nur noch einmal pro Zeile. Reduzieren Sie **Blickfixierungen** auf das Mindestmaß bei Texten größerer Breite.
- Beim Lesen schränken Sie Mitsprechen des Textes auf wichtige **Schlüsselwörter** ein.

So erhöhen Sie Ihr Lese-Verständnis:

- **Fragen** Sie sich vor dem Lesen: Was wissen Sie schon über das **Thema**? Warum wollen Sie es lesen?
- **Überfliegen** Sie den **Stoff**: Titel – Einleitung – Zwischenüberschriften – Visualisierungen (Bilder, Grafiken etc.) – Zusammen–fassung.
- **Entscheiden** Sie, ob Ihnen die **Information** reicht oder ob Sie jetzt genauer lesen wollen. Im letzteren Fall:
- **Lesen** Sie den Stoff **zügig** von Anfang bis Ende.
- **Werten** Sie ihn aus (➥ Visualisierungstechnik:"Mind Map") und **wenden** Sie an: was können Sie davon in die Praxis umsetzen?

➾ Üben Sie täglich mit der **Blickspannen-Übersicht**!

➾ Reservieren Sie sich **feste Zeiten** zum **Lesen**!

Meetings

Warum?

50% und mehr Zeit in Besprechungen

Zu hohe Kosten zu vieler Meetings

> "Ein Meeting ist eine Sitzung, in die viele hineingehen und bei der wenig herauskommt."

Ineffektive Besprechungen

Meetings

Jede Führungskraft und jeder Mitarbeiter ist betroffen von dem Problem, einen großen Teil seiner Zeit in Besprechungen zu verbringen. Je höher die hierarchische Ebene, desto mehr praktizieren sie "Management by IBM" (**I**mmer **B**ei **M**eetings...).

Die **Ursachen** dieses grundlegenden Problems sind hinreichend bekannt: Es finden zu viele, zu lange und zu ineffektive Meetings statt. Im einzelnen stören sich die Teilnehmer vor allem an folgenden Punkten:
- mangelnde Vorbereitung
- unklare Zielsetzung
- ungleicher Informationsstand
- zu lange Anlaufzeit
- zu lange Monologe, Weitschweifigkeit
- Abweichungen vom Thema
- Diskussion von Nebensächlichkeiten
- Festhaken an Details
- versteckte Machtkämpfe
- mangelnde Ergebnissicherung

M — Meetings

Wie?

**Erfolgreiches
KONFERENZMANAGEMENT
1. Ziel dieser
Zusammenkunft?**

**2. Inhaltliche Vorbereitung aller
Beteiligten**

**3. Zeitdauer: Max. 90,
besser nur 60 Minuten**

**4. Selbstdisziplin aller
Beteiligten**

**5. Flipchart oder
Overhead-Projektor**

**6. Handschriftlicher
Aktivitätenplan als
Sofort-Kopie**

Was?

4-Phasen-Schema

**I - Information
II - Kreativität
III - Bewertung
IV - Entscheidung**

Meetings

Die **LÖSUNG** des Problemes ineffektiver Meetings liegt in einer konsequenten Zielsetzung, Planung, Führung und Kontrolle der gemeinsamen Besprechungszeit:

1. Zielsetzung

Festlegung einer klaren, meßbaren **Zielsetzung**. Handelt es sich um eine Informations-, Problemlösungs- oder Entscheidungskonferenz?

2. Vorbereitung

Gute Organisation (Technik, Raum) und inhaltliche **Vorbereitung** (Tagesordnungspunkte (TOP), Informationen). Verwenden Sie hierzu einen **Besprechungsplan**.

3. Zeitrahmen

Zeitrahmen setzen und einhalten. Die optimale Dauer liegt bei max. 90, besser nur 60 Minuten. Bei Mammutkonferenzen mit vielen TOPs legen Sie spätestens dann eine Pause ein.

4. Selbstdisziplin

Während der gesamten Sitzung bedarf es einer entsprechenden **Selbstdisziplin** des Konferenzleiters und aller Teilnehmer.

5. Visualisierungshilfen

Visualisierungshilfen benutzen. Diskussionsbeiträge sollten **für alle sichtbar** gesammelt und aufgeschrieben werden.

6. Ergebnissicherung

Einigung und Entscheidung zur **Ergebnissicherung: Wer** macht **was** bis **wann**? Ein solcher **Aktivitätenplan** kann sofort fotokopiert und am Ende allen Beteiligten mitgegeben werden.

✐ Setzen Sie eine grobe **Struktur**, und führen bzw. moderieren Sie eine Sitzung zukünftig nach dem **4-Phasen-Schema**:

Phase I: Problemdefinition und Zielformulierung
Phase II: Problemanalyse und Lösungssuche
Phase III: Sammlung und Diskussion der Lösungsvorschläge
Phase IV: Entschlußfassung und Aktivitätenplan

Nein-Sagen

Warum?

NEIN-Sagen:
Zeit für das Wesentliche
gewinnen
JA-Sagen:
• Helfer-Syndrom

• Verpflichtet fühlen

• Wichtig sein wollen

• Angst zu verletzen

Warum NEIN sagen
• Zeitgewinn

• keine Entschuldigungen

• Selbstbewußtsein

Nein-Sagen

> "Formel meines Glücks: ein Ja, ein Nein,
> eine gerade Linie, ein Ziel."
> *(Nietzsche)*

Kaum eine andere Methode verschafft Ihnen annähernd so **viel Zeit** wie der gezielte Gebrauch des Wörtchens "**NEIN**". Den meisten Menschen fällt es jedoch schwer, "**NEIN**" zu sagen. Dies kann verschiedene **Ursachen** und **Gründe** haben:

- Der **Wunsch**, anderen zu **helfen**, läßt eigene Verpflichtungen in den Hintergrund rücken.
- **Hilfe** anderer "verpflichtet" zu **Gegenleistungen**: Wer genommen hat, "muß" geben und geben und geben ... .
- Der Drang, unentbehrlich und **wichtig** zu **sein**, verführt dazu, immer neue Aufgaben zu übernehmen.
- Die **Angst**, durch "Nein"-Sagen **zu verletzen**, führt zu immer weiteren "Verstrickungen".

Zur rechten Zeit, **höflich aber bestimmt "Nein"** gesagt, bedeutet:
- Sie gewinnen **Zeit** und **Muße** für das Wesentliche - beruflich und privat.
- Andere wissen, woran sie bei Ihnen sind — Sie müssen **nicht** zu **Entschuldigungen** Zuflucht nehmen, um sich aus Versprechen herauszuwinden.
- Ihr **Selbstbewußtsein** steigt — Sie lassen sich nicht mehr manipulieren.

N

Nein-Sagen

Wie?

Regeln für erfolgreiches NEIN-Sagen
Realistische
Vereinbarungen

Innere Stimme

Schriftlichkeit

Belohnung

NEIN-Sagen üben

Wenn NEIN:
sofort informieren

Vereinbarungen einhalten

Was?

Vereinbarungen
• aufschreiben
• einhalten
Situatives NEIN üben

Nein-Sagen

7 Regeln – So sagen Sie "NEIN" , ohne sich schuldig zu fühlen:

1.Vereinbarungen
Gehen Sie nur **Vereinbarungen** ein, die Sie einhalten können! Bitten Sie sich ggf. **Bedenkzeit** aus.

2. Innere Stimme
Vertrauen Sie auf Ihre **innere Stimme**, Ihr "Bauchgefühl", wenn Sie Gefahr laufen, "JA" zu etwas zu sagen, was gegen Ihre Interessen ist!

3. Aktivitäten-Listen
Legen Sie zwei **Aktivitäten-Listen** an:
a) die erste mit Dingen, die Sie gern tun möchten, aber bisher keine Zeit dafür fanden,
b) die zweite mit bereits eingegangenen Vereinbarungen, Ihren Selbst- und Fremdverpflichtungen, inklusive der Erledigungstermine.
Schauen Sie auf diese Listen, wenn Sie dabei sind, sich auf neue Zu- sagen einzulassen!

4. Belohnen
Belohnen Sie sich, wenn Sie "NEIN" gesagt haben, mit Dingen aus der ersten Liste.

5. Alltagssituationen
Üben Sie in **Alltagssituationen** (z.B. in Geschäften), "NEIN" zu sagen, wenn Ihnen jemand etwas anbietet, was Sie nicht möchten!

6. Schaden klein halten
Halten Sie den **Schaden klein**: Lassen Sie andere schnell wissen, wenn Sie Vereinbarungen nicht einhalten können!

7. Verpflichtungen
Wenn Sie "JA" gesagt haben: Setzen Sie alles daran, Ihre Aufgaben und **Verpflichtungen vereinbarungsgemäß** zu erledigen!

✐ Schreiben Sie ab heute alle Vereinbarungen auf, die Sie mit sich und anderen eingehen!
✐ Gehen Sie nur Vereinbarungen ein, die Sie einhalten werden!
✐ Sagen Sie heute mindestens einmal situativ "NEIN", um zu üben!

O Ordnung*): Ablage

Warum?

Nur 4% der Ablage "aktiv" — daher mehr Ablage "P"!

Forderungen:
• **schnelles Wiederfinden**

> "Im Schnitt dauert es etwa zehnmal so lange, etwas wiederzufinden, wie es abzulegen!"

• **beliebig viele Suchbegriffe**

Bestandteile:
• **Hardware**
• **Software**

*) Die Verfasser danken den Herren Dr. J. Bruggey, Augsburg, und H. Heyer, MAPPEI Wuppertal, für wertvolle Anregungen über Ordnung und Ablage.

Ordnung*): Ablage

"Halte dich an die Ordnung,
so hält die Ordnung dich."
(Augustinus)

"Im Zweifel in den **Rundordner** (Papierkorb)!" Diese Aussage wird durch eine Untersuchung der **IBM** untermauert. Danach werden nur **4%** der abgelegten **Dokumente** jemals **wiederverwendet!** Mehr als 11 Milliarden Blatt Papier lagern dort in den Archiven.

Die für die Bewältigung der äußeren Informationsflut nützliche Aktionsfolge lautet:

Bereits beim **Sammeln** können alle eingehenden Papierstücke einer Wertstufe zugeordnet werden, bevor ein Teil von ihnen bewegt wird.

Sammeln – Ordnen – Suchen – Finden					
0 **Nullwert** Prospekt Werbe- briefe = Papier- Korb	**1** **Tageswert** Einladung Mahnung Glück- wünsche	**2** **Jahreswert** Fahrpläne Preislisten Stadtplan	**3** **Eigenwert** Liebha- berwert (es kommt darauf an)	**4** **Fristwert** Steuer- sachen, Geschäfts- bücher, etc.	**5** **Archivwert** Dauer- wert (z.B. Zeit- schriften- artikel)

Schnelles **Finden** ohne langes **Suchen** muß oberstes Motto sein. Ein einfaches **Ablagesystem** schafft hier Abhilfe. Dokumente, einmal abgelegt, müssen unter ihrem Schlagwort oder Ordnungsbegriff schnell wiedergefunden werden.

Ein sinnvolles **Ordnungssystem** besteht aus:

a) beliebig vielen **Registraturen** - für abgelegte Dokumente und

b) einem **Ablageplan** - um diese Dokumente schnell zu finden.

Registratur- System/ Bereich	Hebel- ordner	Hänge- mappe	Steh- ablage
Arbeitsplatz	lose Schriftstücke bearbeiten	lose Schriftstücke bearbeiten	Schriftstücke in Mappen erfassen und bearbeiten
Ablage	in Hebelordner einsortieren	lose Schriftstücke in Hängemappen einsortieren	bleiben in der Mappe

O

Ordnung: Ablage

Wie?

Ordnung i.d. Registratur
Unterschiedl. Registratur-
Systeme verhindern
durchgehende Organisation

Sofort-Ordnung am
Arbeitsplatz
Einzel-Ordnungsmappen
Loseblatt-Ordnung

Neuer Vorgang =
neue Mappe
(kleinste Informations-
einheiten)

"Wer Ordnung hält, ist nur
zu faul zum Suchen."
(Bürospruch)

Sachbezogene
Ordnungsstruktur
• Ist-Aufnahme
• Clusterbildung

• Sachgruppenbildung

• neue Schlagwörter

Was?

Wertstufen 0-5

Ordnungssystem

Ordnung: Ablage

1. So bringen Sie Ordnung in Ihre Registratur (Hardware)

- Entscheiden Sie sich möglichst für **ein** Grund-**System** in Ihrer **Registratur**: Hebelordner, Pendelmappen, Hängeregistratur (Sammelakten) oder Stehablagen.
- Erfassen Sie Schriftstücke, Vorgänge, Belege etc. schon **während der Bearbeitung** unter ihrem **Ordnungsbegriff,** und legen Sie so ab, daß ohne Suchen, Sortieren und Blättern ein **sofortiger Zugriff** zum betreffenden Vorgang oder einzelnen Schriftstück möglich ist.
- Praktizieren Sie eine wirksame **Sofort-Ordnung am Arbeitsplatz** mit möglichst vielen **Einzelmappen** (z.B. MAPPEI-Stehablage).
- Systematisieren Sie Ihre Papierflut konsequent mit einer detaillierten Aktengliederung in **kleinere Informationseinheiten** (Mappe plus Inhalt).

> Ungeheftetes Schriftgut (**Loseblatt**) ist erheblich
> **schneller** und **flexibler** als Aktendeckel, Heftstreifen
> oder Schnellhefter.

2. So legen Sie Ihren Ablageplan an (Software)

Ein **Ordnungs- oder Ablageplan** dient dazu, gleichartige Schriftstücke nach logischen und praktischen Gesichtspunkten zusammenzuführen:

- Machen Sie eine **Ist-Aufnahme** des vorhandenen Schriftgutes nach **Ordnungsbegriffen.**
- Verdichten Sie zusammengehörende Begriffe zu **Hauptgruppen** (Tätigkeits- und Aufgabenbereiche etc.).
- Zergliedern Sie diese in **Gruppen** und ggf. weiter in **Untergruppen**.
- Ergänzen Sie die Sachgruppen um **Begriffe** und **Schlagwörter**, die in absehbarer Zeit neu hinzukommen werden.

Beispiel (nach LEITZ):
Haushalts-Aktenplan

1 Wohnung/Haus
  1-1 Kaufvertrag, Mietvertrag, Hausordnung
  1-2 Heizung
  1-3 Wasser, Sanitär
  1-4 Strom, Gas
  1-5 Radio, Fernsehen
  1-6 Telefon
  1-7 Haushaltsgeräte (Gebrauchsanweisungen, Garantiekarten)
  1-8 Möbel und sonstige Einrichtungen
2 Persönliches, Vermögen
3 Schule, Beruf, Weiterbildg.
4 Versicherung, Versorgung
5 Finanzen, Steuern
6 Freizeit, Hobby, Fahrzeuge

✏️ Ordnen Sie alle neuen Dokumente den **Wertstufen 0-5** zu; geizen Sie mit dem Prädikat "Archiv-Wert"!

✏️ Entwickeln Sie Ihr persönliches **Ordnungssystem**; verwenden Sie dazu die Mind-Map-Methode (➻ Visualisierungstechnik).

P

Prioritäten

Warum?

**Prioritäten:
Konzentration der Kräfte
auf einen Punkt**

**EKS - W. Mewes:
Erfolgsspirale**

EKS-Strategie

1. Kräfte-Konzentration

2. Engpaß-Orientierung

**Prioritäten =
Konzentration auf den Erfolg**

Prioritäten

> "Der Schwache, der seine Kräfte konzentriert,
> besiegt den Starken, der seine Kraft verzettelt."

Konzentrieren Sie Ihre **Kräfte** und **Energien** auf Ihr lohnenswertes **Ziel** so, wie die Sonnenstrahlen in einem Brennglas ein ganzes Feuer entfachen können. Mit der richtigen **Prioritätensetzung** erreichen Sie Ihre Ziele leichter und mit geringerem Aufwand als vorher.

Die **EKS-Lehre** nach W. Mewes weist nach, wie durch **Kräfte–konzentration** eine kybernetische **Erfolgs-Spirale** verursacht werden kann:

In dem Maße, wie sich ein **Mensch** oder **Unternehmen** auf das jeweils **brennendste Problem** (s)einer Zielgruppe konzentriert und damit einen größeren **Nutzen** als andere bietet, entstehen **Synergie-Effekte** in Richtung einer positiven **Aufwärts-Spirale** (Abb.).

Die beiden wichtigsten Prinzipien der EKS-Strategie für einen optimalen Energieeinsatz sind
1. das Prinzip der **Konzentration der Kräfte** ("Nicht kleckern, sondern klotzen!")
2. die Orientierung auf den **kybernetisch wirkungsvollsten Punkt** (Engpaß, Dominanz des Minimumfaktors)

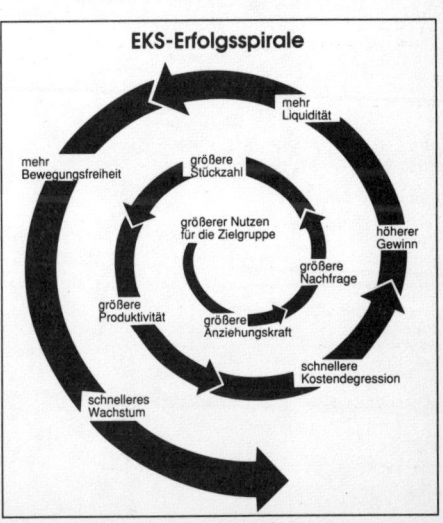

EKS-Erfolgsspirale

mehr Liquidität
mehr Bewegungsfreiheit
größere Stückzahl
größerer Nutzen für die Zielgruppe
höherer Gewinn
größere Nachfrage
größere Produktivität
größere Anziehungskraft
schnellere Kostendegression
schnelleres Wachstum

Den **"richtigen" Prioritäten** kommt somit eine entscheidende Bedeutung zu – Sie konzentrieren Ihre Energien auf Ihren Erfolg!

P

Prioritäten

Wie?

Kriterien für Wichtigkeit

• **Zielorientierung**

• **Wertorientierung**

Prioritäten-Klassen
Muß
Soll
Kann

1. **Muß-Aufgaben zuerst erledigen!**
2. **Dann Soll-Aufgaben erledigen!**
3. **Kann-Aufgaben zum Schluß!**

Was?

Aufgabe Nr. 1 bearbeiten!

Zielorientierung prüfen!

Prioritäten

Zwei **Schlüsselfragen** helfen Ihnen, **Prioritäten** bei Ihrer Arbeitstechnik schnell und sicher zu setzen. Fragen Sie sich stets bei der Planung Ihrer nächsten Arbeitsschritte:

1. Welche Aufgabe bringt mich jetzt meinen langfristigen Zielen einen Schritt näher?

Damit bleiben Sie Ihren Zielen auf der Spur. Ihr Erfolg wird planbar – vorausgesetzt, Sie haben Ihre Ziele übersichtlich in Einzelaktivitäten aufgeteilt (➛ Wieplan-Technik)!

2. Bei welcher Aufgabe steht das meiste Geld auf dem Spiel?

Damit trennen Sie schnell die Spreu vom Weizen und konzentrieren sich auf das für Sie wirklich Wichtige.

Teilen Sie nun Ihre Aufgaben in **drei Kategorien** ein:

- **Muß** getan werden - **sehr wichtig!**
- **Soll** getan werden - **wichtig!**
- **Kann** getan werden - **Routineaufgaben!**

- Numerieren Sie Ihre Aufgaben der Bedeutung nach durch.
- **Beginnen** Sie stets **mit** den **Muß**-Aufgaben (Ziel, Wert!).
- Schließen Sie erst alle Muß-Aufgaben ab, bevor Sie mit den **Soll**-Aufgaben anfangen!
- Erst danach nehmen Sie sich **Kann**-Aufgaben vor.

Mit dieser Vorgehensweise haben Sie das **Wichtigste** schon **zu Beginn** des Tages **erledigt**.

✎ Schreiben Sie grundsätzlich auf, was Sie noch erledigen wollen, fangen Sie mit **Aufgabe Nr. 1** an, und bleiben Sie so lange daran sitzen, bis diese Arbeit erledigt ist.

✎ Stellen Sie sich immer wieder die Frage: "Führt das, was ich **jetzt** tun will, zu meinen **Zielen**?"

Quasselstrippe

Warum?

Schlechte Telefon-Gewohnheiten

Quasselstrippen-Quotient*

Auswertung:
1. Zählen Sie alle Kreuze in der "fast immer-", "öfter-" und "fast nie-" Spalte zusammen.
2. Multiplizieren Sie den Wert bei:
"fast immer" mit 1,
"öfter" mit 2,
"fast nie" mit 3.
3. Addieren Sie die Ergebnisse zu Ihrem Gesamtwert: "Q.Q."
(Quasselstrippen-Quotient)

Quasselstrippe

> "Das Telefon ist eines der effektivsten Mittel zum Zeitsparen, aber auch einer der häufigsten Zeitfresser überhaupt." *(Telefon-Paradoxon)*

Telefonieren ist zu einer lieben Gewohnheit geworden: X-mal greifen Sie täglich zum Hörer, führen Gespräche und wickeln Ihre Geschäfte ab. Nicht immer ist es jedoch mit dieser Gewohnheit zum besten bestellt – viel **Zeit** und **Geld** wird hier verschwendet.

Beherrschen Sie die Kunst des Telefonierens?	fast immer	öfter	nie
(1) Haben Sie für jeden Anruf ein klares **Ziel vor Augen**?	☐	☐	☐
(2) Sind Sie mit der **Sachlage** vertraut?	☐	☐	☐
(3) Liegen notwendige **Unterlagen**, Papier und Bleistift griffbereit, wenn Sie jemanden anrufen?	☐	☐	☐
(4) Haben Sie **Telefon-Zeiten** fixiert, in denen Sie blockweise telefonieren, und wissen andere, zu welchen Zeiten Sie erreichbar sind?	☐	☐	☐
(5) Haben Sie **Argumente** für mögl. Einwände vorbereitet?	☐	☐	☐
(6) Notieren Sie **Aktivitäten** und vereinbarte Rückrufe sofort?	☐	☐	☐
(7) Informieren Sie andere bei **Gesprächsweitergabe**, wer am Apparat ist und was gewünscht wird?	☐	☐	☐
(8) Werden in Ihrer **Abwesenheit** Name, Telefon-Nummer und Grund der Anrufer korrekt notiert?	☐	☐	☐
(9) Legen Sie bei **Rückrufen** Prioritäten fest?	☐	☐	☐
(10) Haben Sie festgelegt, welche Telefonate zu Ihnen **durchgestellt** und welche von anderen beantwortet werden sollen?	☐	☐	☐
Gesamtwert			

Bei einem Wert von:
10-15 ......haben Sie im allgemeinen **keine** Telefon-Probleme,
16-22 ......haben Sie **durchschnittliche** Telefon-Probleme,
23-30 ......haben Sie vermutlich **ernsthafte** Telefon-Probleme.

Q

Quasselstrippe

Wie?

Telefonate vorbereiten:
- **Ziel bestimmen**
- **Vorinformation überprüfen**

- **Unterlagen bereithalten**

- **Einwandmöglichkeiten abschätzen**

Telefonate führen:
- **Kurze Kontakt-Phase**

- **Anlaß nennen**

- **Dauer = Kosten kontrollieren**

- **Gespräch beenden**

Telefonate auswerten:

- **Wichtiges sofort notieren**

- **Kurze Zusammenfassung**

Was?

Gut vorbereiten
Kurz fassen

Quasselstrippe

1. Bereiten Sie Ihre Telefonate zielgerichtet vor:

- Machen Sie sich den **Grund** Ihres Gesprächs klar:
  Welches **Ziel** wollen Sie konkret erreichen?
- Informieren Sie sich über **Sachlage** und Gesprächspartner:
  Welche wichtigen **Daten** fehlen Ihnen noch?
- Halten Sie wichtige **Unterlagen** bereit:
  Suchen während des Gesprächs kostet Nerven und Geld!
- Bereiten Sie sich auf **Einwände** vor:
  Noch können Sie in Ruhe überlegen, wie Sie sie entkräften!

2. Führen Sie Ihre Telefonate effizient und zügig durch:

- **Straffen** Sie die **Kontaktphase**! Die Eröffnung eines Telefongesprächs bestimmt auch seinen Verlauf und das Ende.
- Sagen Sie zu **Beginn, worum es geht,** was Sie wollen und welche **Punkte** Sie ansprechen möchten: Ihr Gespräch verkürzt sich!
- Verfolgen Sie insbes. bei Ferngesprächen die **Dauer = Kosten** Ihres Anrufes (Telefon-Display mit elektronischem Gebührenzähler).
- **Fassen Sie sich kurz:** Schließen Sie das Gespräch ab, sobald das Gesprächsziel erreicht ist!

3. Sorgen Sie für eine laufende, unverzügliche Gesprächsauswertung:

- Notieren Sie sofort **Daten, Aufgaben** und **Termine,** die sich aus dem Telefonat ergeben; noch sind die Informationen frisch!
- Fassen Sie bei längeren Gesprächen das Ergebnis und evtl. Maßnahmen (wer macht was bis wann?) am Ende kurz zusammen.

☞ **Bereiten** Sie jetzt Ihren nächsten **Anruf vor!**
☞ **Fassen** Sie sich beim nächsten Gespräch bewußt **kurz!**

R | Regel-Leistungskurve

Warum?

Arbeit nach der Leistungskurve

1. Beantworten Sie bitte jede Frage.
2. Notieren Sie den Punktwert jeder Frage.
3. Addieren Sie die Punktwerte zur Gesamtpunktzahl.

Auswertung:
* bis 50 Pkte.: Sie sind ein "Abend-Mensch"
* 50—60 Pkte.: Sie sind ein "Morgen-Mensch", müssen aber die Leistungskurve um 1 Stunde nach rechts versetzen.
* 60 + mehr Pkte.: Sie sind ein "Morgen-Mensch".

(Quelle: Dogs, Wilfried: Der gesteuerte Schlaf. Duisburg: Walter Braun 1977, S. 45—46)

Regel-Leistungskurve

> "Seit ich meine Leistungskurve kenne,
> arbeite ich um ein Vielfaches effektiver!"
> *(T.M.Pfefferkorn)*

Sind Sie ein **"Morgen-"** oder **"Abend-Mensch"**? Testen Sie sich!

1. Wann werden Sie abends müde?
Vor 21.00 Uhr ......4 Punkte
21.00-23.00 Uhr ...2 Punkte
nach 23.00 Uhr ....0 Punkte

2. Ist die Müdigkeit
zwingend ....1 Punkt
überwindbar ....3 Punkte

3. Kommt danach eine wache Phase?
ja ....1 Punkt
nein ....3 Punkte

4. Werden Sie nachts häufig wach?
ja ....3 Punkte
nein ....2 Punkte

5. Haben Sie Träume, und bleiben diese in Erinnerung?
ja ....4 Punkte
nein: ....1 Punkt

6. Schlafen Sie spät ein?
ja ....2 Punkte
nein ....6 Punkte

7. Wann wachen Sie auf, wenn Sie nicht geweckt werden?
vor 6 Uhr ....6 Punkte
6.00-8.00 Uhr ....3 Punkte
nach 8.00 Uhr .....0 Punkte

8. Wie würden Sie Ihren Schlafrhythmus gestalten, wenn Sie keine beruflichen oder sonstigen Verpflichtungen hätten?
a) Aufstehen
5.00-7.00 Uhr ....8 Punkte
7.00-8.00 Uhr ....5 Punkte
8.00-9.00 Uhr ....2 Punkte
nach 9.00 Uhr .....0 Punkte
b) Mittagsschlaf
ja ....1 Punkt
nein ....4 Punkte
c) Nachmittags Kaffeetrinken
ja ....4 Punkte
nein ....2 Punkte

d) abends ausgehen/Gäste
haben: ....1 Punkt
Fernsehen: ....3 Pkte
Ruhen -
früh schlafen: ....6 Pkte

9. Sind Sie frisch, wenn Sie geweckt werden?
ja: ....6 Pkte
nein: ....2 Pkte

10. Sind Sie frisch, wenn Sie normal wach werden?
ja: ....4 Pkte
nein: ....1 Punkt

11. Wie ist das Befinden beim Frühstück?
(Punkte von a-d addieren!)
........................wenig gut ..... sehr gut
a) Appetit: ..... 1 ....2 ....3 Pkt.
b) Frische: ...... 1 ....2 ....3 Pkt.
c) Gesprächs-
freudigkeit: 1 ....2 ....3 Pkt.
d) Konzentr.: .. 1 ....2 ....3 Pkt.

12. Wann können Sie vormittags eine Ermüdung registrieren?
08.00-09.00 Uhr .... 1 Punkt
09.00-10.00 Uhr ....4 Pkte
10.00-11.00 Uhr ....3 Pkte
11.00-12.00 Uhr .....1 Punkt

13. Wie ist Ihr Befinden nach dem Mittagessen?
eher müde: ....4 Pkte
eher frisch: ....1 Punkt

14. Wann können Sie nachmittags eine Ermüdung registrieren?
14.00-15.00 Uhr: ....4 Pkte
15.00-16.00 Uhr: ...3 Pkte
16.00-17.00 Uhr: ... 1 Punkt

Gesamtpunktzahl

R Regel-Leistungskurve

Wie?

"Morgen-Mensch":
- **früh anfangen**
- **Wichtigstes zuerst erledigen**

- **Routine nachmittags**

"Abend-Mensch":
- **Wichtigstes am späten Nachmittag**
- **Routine-Aufgaben als "Starter"**

Was?

Hoch-Leistungen

Keine Störungen

Regel-Leistungskurve

Wenn Sie ein "Morgen-Mensch" sind - dann sollten Sie:

- **früh** mit Ihrer Arbeit **anfangen** (möglichst **vor** Eintreffen der Mitarbeiter und bevor die Telefone klingeln),
- als **erstes** die **wichtigste Aufgabe** erledigen (was Sie jetzt nicht schaffen, bleibt den ganzen Tag liegen),
- **Routine-Aufgaben nachmittags** erledigen.

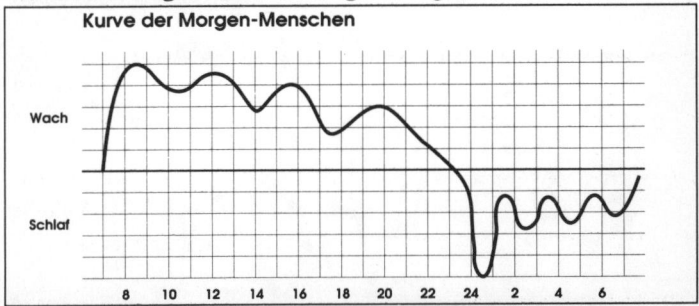

Wenn Sie ein "Abend-Mensch" sind - dann sollten Sie:

- wichtige Aufgaben im **Leistungshoch** am **Nachmittag** erledigen,
- auf eine **Balance** zwischen **Beruf und Feierabend** achten:
  als "Nachtarbeiter" leiden sonst Freizeit und Familie.

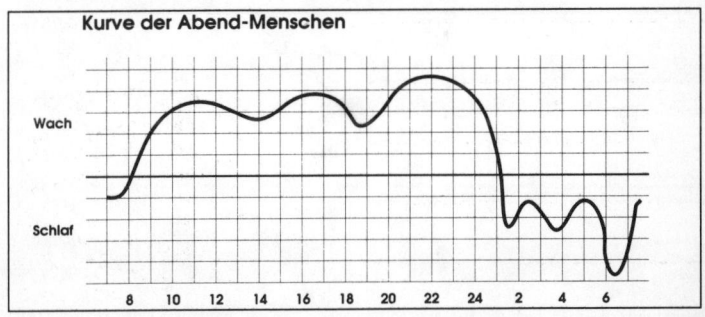

✏️ Stellen Sie fest, wann Ihr **Leistungshoch** Sie zu **Hoch-Leistungen** befähigt!

✏️ Schützen Sie sich in diesen Zeiten vor Störungen, und erledigen Sie das **Wichtigste**!

S Schreibtisch-Management

Warum?

Problem:
Überhäufter Schreibtisch

Ursache:
scheinbarer Überblick

Wirkung:
Konzentrationsmängel

"Verzetteln"

Chaos und Streß

Schreibtisch-Management

Die Fähigkeiten des Menschen als Jäger und Sammler lassen sich an der Anzahl und Un-Ordnung überhäufter Schreibtische festmachen, die viele als Zeitfresser und Störfaktor empfinden.

Aus Angst, das Wesentliche zu vergessen, werden die Vorgänge auf dem Tisch gestapelt (= **Volltischler**); auf diese Weise ("aus dem Auge - aus dem Sinn") kann nichts verlorengehen.

Jedes Blatt Papier, Poststück, Management-Wissen-Magazin etc. auf dem Arbeitsplatz bindet Aufmerksamkeitseinheiten Ihres Gehirns und damit Teile Ihrer Arbeitsenergie. Motivation und Konzentrationsfähigkeit werden auf diese Weise blockiert. Sie "verzetteln" sich im wahrsten Sinne des Wortes. Wichtige Aufgaben aus irgendeinem Papierstapel werden oft nur hektisch und meist in letzter Minute erledigt.

S Schreibtisch-Management

Wie?

Lösung:
Vom Volltischler
zum Leertischler

Reorganisation nach dem
3-Stufen-Prinzip
Aktionsfrage:
Bis wann erledigt?

in den nächsten Stunden:
Sofort tun

in den nächsten Tagesplan:
Priorität A, B, C

in den nächsten Wochen:
Aktivitäten-Checkliste

Lese-Stapel

Was?

- **Fester Termin für**
  Reorganisation
- **Ergebnis: leerer**
  Schreibtisch

Schreibtisch-Management

Erfolgreiches Schreibtisch-Management fordert statt einer total über-
ladenen Arbeitsplatte nur die Unterlagen eines Vorgangs auf den
Tisch, an dem gerade aktiv gearbeitet wird (= **Leertischler**).

Als **Sofort-Maßnahme** hilft nur eine durchgängige Reorganisation
aller unerledigten Papiere, Projekte und Prospekte nach dem **3-
Stufen-Prinzip**.
Stellen Sie dazu bei jedem Schriftstück die **Aktionsfrage**:

> **WANN werde ich diesen Vorgang abschließend
> erledigen?**

1. Sofort tun
Alles, was weniger als 5 Min. dauert, erledigen Sie **sofort**! Für alles
andere legen Sie konkret fest, **wann** Sie es endlich tun werden
(Termin!):

2. Tagesplan
Alles, was Sie in den nächsten Tagen erledigen wollen, notieren Sie
im betreffenden **Tagesplan**.

3. Aktivitäten-Checkliste
Alles, was Sie in den nächsten Wochen erledigen wollen, schreiben
Sie in Ihre monatliche Prioritätenliste (Monatsplan, **Aktivitäten-
Checkliste**).

Daneben können Sie z.B. auf einem Sideboard einen Stapel für Papiere einrichten, die Sie gelegentlich einmal in Ruhe **lesen** wollen. Alles
andere sollte in den **Papierkorb** — den besten Freund des Büromen-
schen. Geben Sie sich einen Ruck — es kann mehr weg, als Sie meinen!

✏️ Reservieren Sie einen freien Nachmittag oder Samstag zum
  Aufräumen — evtl. mit einem Büro- oder Lebenspartner.
✏️ Arbeiten Sie **alle** Dinge nach dem angegebenen Schema auf,
  die auf, in dem und um den Schreibtisch herum liegen.

T | Tagesplanung

Warum?

Verlauf eines typischen Arbeitstages

Tagesgeschäft versus Schwerpunktaufgaben

Durch Tagesplanung Strukturen schaffen

Bessere Tagesplanung — mehr Erfolg

Tagesplanung als Grundvoraussetzung persönlicher Arbeitstechnik

Tagesplanung

Es ist fast jeden Tag das gleiche Problem:
Sie haben sich morgens zu Beginn des Arbeitstages eine ganze
Menge, vielleicht sogar in Form einer konkreten Aktivitätenliste,
vorgenommen. Doch dann kommt schon die erste Post, und bald
darauf sind Sie mit zahlreichen Problemen, sei es persönlich, telefo-
nisch oder schriftlich, konfrontiert, die es zu bearbeiten gilt.
So geht es den ganzen Tag weiter. Abends sind Sie ziemlich "geschafft" mit dem Gefühl, wenig geschafft zu haben.

So verlaufen **viele typische Arbeitstage**. Sie können noch so gut
geplant haben - nach einigen erfolglosen Versuchen, die **Tagesereig-
nisse** wieder in den Griff zu bekommen, fallen Sie früher oder später
in die alte Situation von **Hektik** und **Arbeitsüberlastung** zurück.

Das muß nicht so sein. Erfahrungsgemäß lassen sich verschiedene
Unterbrechungen und Ablenkungen nie vollkommen ausschalten,
bestimmte Arten von Störungen jedoch vorhersehen und einplanen.

Sie können eine ganze
Reihe von (Un-)Tätigkeiten
und Leerläufen
vermeiden, indem Sie
die anfallenden
Tagesaufgaben
in eine bestimmte
Reihenfolge bringen
und Ihre Arbeit anders
organisieren.

Wer das **Tagesgeschäf**t und seine **permanenten Aufgaben** nicht **im
Griff** hat, findet i.d.R. auch keinen Einstieg in langfristige und
strategische Ziele. Die **Tagesplanung** ist die **Basis** aller Wochen-,
Monats-, Jahres- oder **Lebenspläne**!

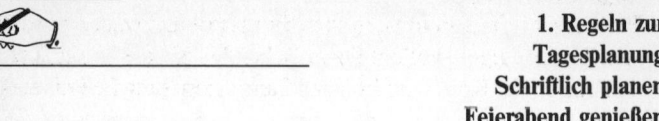

Tagesplanung

Wie?

1. Regeln zur Tagesplanung
Schriftlich planen
Feierabend genießen

Keine "Über"-Planung:
max. 50%!

Prioritäten setzen –
Wichtiges zuerst erledigen

2. Tagesplanung in der Praxis
Anfangen und abschließen

Prioritäten überprüfen und
konsequent einhalten

Was?

Nr. 1 - Aufgabe für
morgen planen
Störungen für diese
Zeit vermeiden

Tagesplanung

1. So nutzen Sie die Erfahrungsregeln für eine erfolgreiche Tagesplanung:

- **Planen Sie schriftlich!** Schreiben Sie abends auf, was Sie am nächsten Tag erledigen wollen! Damit schließen Sie den zurückliegenden Tag ab. Ihr Kopf wird frei, und Sie können Ihren Feierabend genießen!

- **Bleiben Sie Realist!** Überschlagen Sie, wie lange Sie geplante Aufgaben und bereits fest vergebene Zeiten morgen in Anspruch nehmen werden. Füllen Aktivitäten und feste Termine schon jetzt mehr als 50% Ihrer Arbeitszeit, haben Sie zu "eng" geplant. Ihr Plan läuft Gefahr, durch Unvorhergesehenes null und nichtig gemacht zu werden!

- **Setzen Sie Prioritäten!** Numerieren Sie Ihre Aufgaben der Bedeutung nach. Das **Wichtigste** steht damit an **erster Stelle.**
  Aufgaben, die im Krisenfalle gestrichen werden können, haben Sie an die letzte Stelle gesetzt.

2. So setzen Sie die Tagesplanung in die Praxis um:

- **"Nr.1"-Aufgabe anfangen und abschließen!** Jeder Tag beginnt so mit einem Erfolgserlebnis - das Wichtigste haben Sie bereits in der Frühe erledigt! Dann:

- **Überprüfen Sie Ihre Prioritäten!** Sie bleiben damit flexibel – Rangordnungen können sich durch Unvorhergesehenes verschieben – das Nächstwichtige wird dennoch von Ihnen erledigt! Jetzt:

- **"Nr.2"-Aufgabe anfangen und abschließen, dann "Nr. 3" etc. !** Setzen Sie so Schritt für Schritt Ihren Tagesplan in die Praxis um!

Das "ABC" der Tagesplanung:	✏ (A)bends planen - ✏ (B)rioritäten setzen - ✏ (C)hriftlich fixieren!

✏ Nehmen Sie sich jetzt Zeit und **planen** Sie den **nächsten Tag!** Was wird die **"Nr.1"-Aufgabe** sein?

✏ Wie können Sie sich morgen **vor Störungen schützen,** wenn Sie Ihre "Nr.1"-Aufgabe bearbeiten?

U Unterbrechungen

Warum?

"Störungen haben Vorrang."

Störhäufigkeit:
6-8 Minuten

Unterbrechungen
kontrollieren:
- **Aufgabenerledigung**
- **Zeitgewinn**
- **Geldvorteil**
- **Streßabbau**
- **Aktion**

"Wenn du dich durch
jeden Hund anbellen
läßt, der dir auf deinem
Weg begegnet, wirst
du nie ans Ziel kommen."
(Arabisches Sprichwort)

Unterbrechungen

> "Man muß die Dinge so nehmen, wie sie kommen.
> Aber man sollte dafür sorgen, daß sie so kommen,
> wie man sie zu nehmen wünscht." *(Kurt Götz)*

Wenn es nicht immer läuft, wie wir es erwarten oder planen, so oft deshalb, weil zwischendurch immer wieder Störungen auftreten. Seine **Unterbrechungen** in den Griff bekommen heißt, seine Tagesarbeit besser, das heißt effizienter und erfolgreicher, erledigen können.

Im Durchschnitt werden Führungskräfte **alle 6 bis 8 Minuten** irgendwie unterbrochen – sofern sie nichts dagegen unternehmen.

Unter"**nehmen**" oder unter"**lassen**" – das ist hier die Frage!

Wenn Sie **Unterbrechungen** unter **Kontrolle** halten
• können Sie **Aufgaben** zu Ende führen,
• gewinnen Sie **Zeit** für das Wesentliche,
• sparen Sie **Geld** (Was kosten Sie zwei "Stör"-Stunden?),
• werden Sie ruhiger - reduzieren Sie **Streß**,
• praktizieren Sie echtes **Management**: Agieren statt re-agieren.

Tagesblatt (Unterbrechungen)					
Nr.	Störung von bis	Dauer in Minuten	Telefonat oder Besuch	Wer	Bemerkungen wie Gründe für Störungen

U | Unterbrechungen

Wie?

1. Tages-Störblatt
- Unterbrechungen
  - Gründe
- Maßnahmenplan
2. Stille Stunde
- störfreie Zeit nicht erreichbar

- abschirmen
- Telefonate: Rückruf

- Mitarbeiter: Rücksprache

- Termin mit sich selbst:
  Tagesplan
  Info - Sekretärin
3. Nein sagen
- Kurz anhören

- Nein sagen

- Kurzbegründung

- Alternativen

Was?

Unterbrechungen –
Nein danke!
- Warum jetzt?
- Warum ich?
- Wie vermeiden?
Tagesplan – Termin

Unterbrechungen

1. Tages-Störblatt (Unterbrechungen)
- Erfassen Sie eine Woche lang **Unterbrechungen** Ihrer Arbeit nach **Art, Dauer** (Häufigkeit) und Grund.
- Analysieren Sie die **Gründe**, und erstellen Sie einen **Maßnahmenplan**, der Abhilfe schafft!

2. Stille Stunde als Sperrzeit
- Führen Sie die "Stille Stunde" ein — eine Zeit, in der Sie **für niemanden erreichbar** sind (Ausnahme: Notfall)!
- **Schirmen** Sie sich konsequent in dieser Zeit ab!
- Eingehende **Telefonate** erledigen Sie später nach der **Rückruf**-Methode.
- Fragen von **Mitarbeitern** beantworten Sie zu festen **Rücksprache**-Terminen.
- Tragen Sie die "Stille Stunde" als **Termin** mit sich selbst in Ihren **Tagesplan** ein; informieren Sie auch Ihre **Sekretärin.**

3. Nein sagen - ohne zu beleidigen:
- Kurz anhören ("Dies ist ein wichtiges Problem, nur...")
- Nein sagen ("Habe jetzt leider keine Zeit für...")
- Kurzbegründung geben ("Wenn ich mich jetzt darum kümmere, dann...")
- ggf. Alternativen (Termine, Mitarbeiter (nennen

BITTE NICHT STÖREN

☞ Fragen Sie sich heute, bevor Sie sich wieder **unterbrechen** lassen:
- Muß ich **jetzt** unbedingt darauf reagieren?
- Kann es nicht jemand **anders** erledigen?
- Wie kann ich **zukünftig** diese Störung vermeiden?

☞ Tragen Sie für heute fest eine "**Stille Stunde**" in Ihren **Tagesplan** ein!

93

V | Visualisierungstechnik

Warum?

Mind-Map-Methode:
Nutzbarmachung visueller Denk-
und Arbeitsabläufe
über die rechte Hirnhälfte

Mind Mapping:

- **Visualisierung von
Informationen**
- **Problem-Analyse -
Planung u. Organisation**

Beispiele für
Anwendungsmöglichkeiten
des Mind Mapping

Visualisierungstechnik

"Ein Bild sagt mehr als tausend Worte."
*(Alte chinesische (!) Weisheit
sowie heutige Präsentationserfahrung)*

Unter den **visuellen** Lern-, Denk- und **Arbeitstechniken** hat die **Mind-Map**-Methode in der letzten Zeit einen gewaltigen Aufschwung erlebt. **Mind Mapping** (deutsch: "Gehirnkarten") basiert auf den Erkenntnissen moderner Hirnforschung und hilft Ihnen, das Potential Ihrer rechten Hirnhälfte gezielt zu nutzen.

Mind Mapping ist ein Brainstorming mit sich selbst, das auch für andere sichtbar gemacht werden kann. Mit dieser ebenso erfolgreichen wie zeitsparenden **Visualisierungsmethode** werden Sie
• Informationen rasch darstellen bzw. erfassen,
• Situationen und Probleme schnell analysieren und
• Aufgaben zügig planen und besser organisieren können.

Mind Mapping kann z.B. eingesetzt werden beim:
• Vorbereiten von Gesprächen und Besprechungen
• Entwerfen von Präsentationen oder Vorträgen
• Protokollieren von Sitzungen und Referaten
• Auswerten von Fach-Literatur und Informationen
• ➡ "Wieplanen" von Zielen und Projekten (Messen, Hausbau)

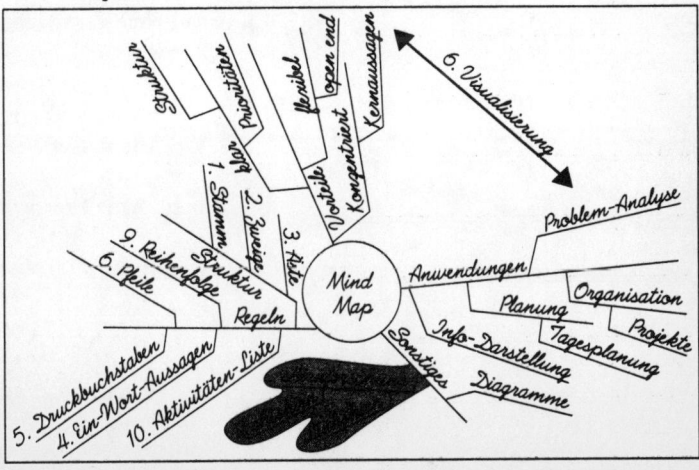

95

V Visualisierungstechnik

Wie?

Erstell. v. Mind Maps

1. Hauptgedanke
   im Zentrum
2. Grobgliederung:
   Hauptäste
3. Feingliederung:
   Zweige + Zweiglein

4. Ein Wort pro Zeile

5. Druckschrift

6. Pfeile + Farben

7. Streichungen per
   Handschuh

8. (noch) ohne Zuordnung

9. Reihenfolge:
   Äste numerieren

10. Aktivitätenliste

Was?

**Projekt-Planung
Einkaufsliste**

Visualisierungstechnik

So arbeiten Sie effektiv mit "Mind Mapping" (10 Regeln)

1. Thema
Setzen Sie das zentrale Thema wie einen Baumstamm als Kreis oder Ellipse in die Mitte des Blattes.

2. Hauptgedanken
Vom zentral. Thema lassen Sie die Hauptgedanken wie Äste abgehen.

3. Zweige
Halten Sie weitere Gedanken als Zweige fest. Natürlich können Sie diese auch mit Zweiglein beliebig weiter untergliedern!

4. Kernaussagen
Arbeiten Sie nur mit "Ein-Wort-Kernaussagen" statt mit ganzen Sätzen. Schreiben Sie diese Wörter auf Äste und Zweige oder in den Kreis.

5. Druckschrift
Verwenden Sie Druck- statt Schreibschrift. Ihr Wortbild wird damit noch lesefreundlicher.

6. Pfeile
Benutzen Sie Pfeile, um Verbindungen aufzuzeigen,und Farben, um Wichtiges hervorzuheben.

7. Handschuh
Sind Gedanken zu streichen, weil an dieser Stelle unpassend oder weil bereits umgesetzt - versehen Sie diese mit einem Handschuh (ein schraffiertes Feld, das den ganzen Gedanken umhüllt).

8.Ideen
Ideen, die nicht sofort zuzuordnen sind, halten Sie am Blattrand fest, oder notieren sie am Zweig "Sonstiges".

9. Numerieren
Numerieren Sie Gedanken anhand der Äste, wenn eine Reihenfolge notwendig wird.

10. Aktivitäten-Checkliste
Falls erforderlich, übertragen Sie anschließend die Mind Map auf eine Aktivitäten-Liste zur weiteren Bearbeitung.

☞ Setzen Sie heute Mind Mapping für Ihr nächst. **Projekt** aktiv ein!
☞ Setzen Sie Mind Mapping für Ihren nächsten **Einkauf** ein!
 (Hauptäste für Geschäfte oder Abteilungen).

W | Wieplan-Technik

Warum?

**Ohne methodische Umsetzung
keine Zielerreichung**

**Wieplanung = Beschreibung des
Weges zum Ziel**

**Wieplan - Vorteile:
"Der Wieplan ist ein
Talisman gegen Mißerfolge und
Schwierigkeiten."
(G. Großmann)**

Großmann-Methode

> "Auch wenn du tausend
> Meilen reist, mußt du
> mit dem ersten Schritt
> beginnen."
> *(Chinesische Weisheit)*

Wieplan-Technik

> "Es soll nicht genügen, daß man Schritte tue,
> die einst zum Ziele führen, sondern jeder Schritt
> soll Ziel sein und als Schritt gelten." *(Goethe)*

Wer seine Ziele nicht systematisch plant, kann sie auch nicht erreichen. Ohne **methodische Erfolgsverursachung**, so wußte schon **Gustav Großmann** in den 20er Jahren zu berichten, läuft nichts - oder nur zufällig. Mit einem **Wieplan** erarbeiten Sie alle Mittel und Maßnahmen, die Sie dem gesteckten Ziel (Zielsetzungstechnik) näherbringen. Andere Begriffe für diese systematische Vorgehensweise sind "Projektplan", "D-Plan" (Durchführungs- oder Dynamischer Plan, J. Hirt), "Aktionsplan", "Work Plan" etc.

Die **Vorteile** der **Wieplan-Technik** sind:
- Feststellung der **Durchführbarkeit** eines Zieles
- **Konzentration** auf realisierbare Aufgaben und Ziele
- **Vermeidung** von **Fehlleistungen** und Mißerfolgen
- **Übersicht** über den inhaltlichen und zeitlichen Aufgabenumfang
- **Detaillierte Planung** einzelner konkreter Schritte

Das systematische Vorbereiten des persönlichen Erfolges war der Grundgedanke, aus dem dann die **Großmann-Methode** erwuchs.

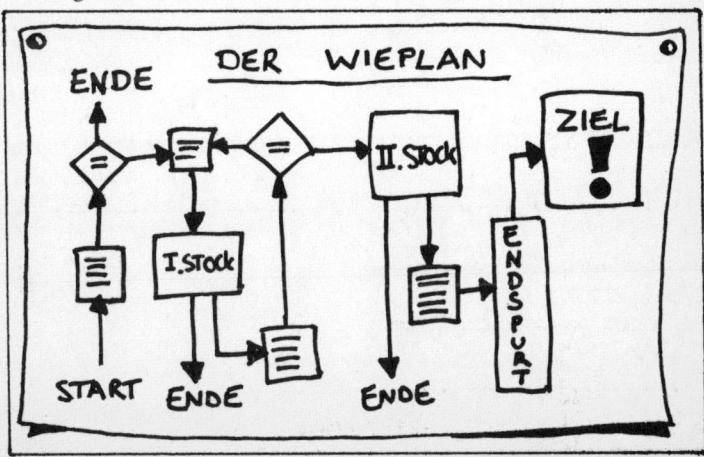

W

Wieplan-Technik

Wie?

Wieplanung: Ziele aufteilen

Wieplan-Technik

1. "Zielfotografie mit Worten" (M. Helfrecht)

2. Hauptfaktoren zur Zielerreichung

3. Mittel und Maßnahmen festlegen

4. Zeittabelle mit Prioritäten anlegen

5. Monatl. Inventur im Zeitplanbuch

Zeitplanbuch als zentrales Arbeitsmittel

Was?

Nächstes Projekt

Zergliederung mit Mind Mapping

Wieplan-Technik

"Wenn wir ein Ziel erreichen wollen, müssen wir seine wirklichen Ursachen finden und sein Erreichen verursachen." Dazu gehört laut Großmann, sich ein klares Bild über die Vorgehensweise zu verschaffen, **wie** das Ziel erreicht werden soll.

1. Zielerreichung
Stellen Sie sich konkret vor, Sie hätten Ihr Ziel **bereits erreicht**.

2. Hauptfaktoren
Stellen Sie alle Faktoren zusammen, die Sie zur Zielerreichung benötigt haben (geistige Rückschau), z.B. A, B, C, D etc.

3. Mittel und Maßnahmen
Listen Sie alle dazu erforderlichen **Mittel und Maßnahmen** (ggf. auf einem separaten Blatt) auf: A I, A II, A III, A I 1, A I 2, A I 1 a), A I 1 b) etc.

4. Zeitpunkte
Legen Sie für alle Unterpunkte und Teilaktivitäten die **Zeitpunkte** (evtl. mit Prioritäten) fest, wann diese angegangen werden sollen.

5. Aktivitäten-Checkliste
Übernehmen Sie jeden Monat die aktuellen Teilaufgaben in Ihre **Aktivitäten-Checkliste** bzw. **Tagespläne** (ZPB).

Oft können bereits 50% der Aktivitäten sofort erledigt oder veranlaßt (➹ Delegationstechnik) werden; der Rest muß systematisch von Monat zu Monat abgearbeitet werden. Das ➹ Hilfsmittel "**Zeitplanbuch**" (ZPB) ist dabei quasi das "Telefon zum Kommunizieren mit dem WIE-Plan" (Großmann).

✑ Planen Sie Ihr **nächstes größeres Vorhaben** (Ziel, Projekt, Werbeaktion o.ä.) nach der Wieplan-Technik!

✑ Benutzen Sie für die Zerlegung der einzelnen Punkte die **Mind-Map-Methode** (➹ Visualisierungstechnik).

Warum?

**Problem- und
Entscheidungsanalyse**

- **Keine Einheitsmethode**
- **Systematische
Vorgehensweise**
- **Informationsverarbeitung**
- **Problemlösung**

> "Es ist besser,
> ein Problem zu erörtern,
> ohne es zu entscheiden,
> als es zu entscheiden,
> ohne es erörtert
> zu haben."
> *(J. Joubert)*

XY-Ungelöst

"Eine Lösung hatte ich,
aber die paßte nicht zum Problem."
(Beraterdilemma)

In der täglichen Arbeitspraxis hat man in der Regel eine Vielzahl **ungelöster Probleme** zu bewältigen. Menschen handeln oft in unerwarteter Weise zu unerwarteten Zeiten. Je nach Persönlichkeit neigen sie zu schnellen, übereilten Handlungen und Entschlüssen. Die Probleme kommen in den wenigsten Fällen klar definiert auf den Tisch. Trotzdem müssen sie gelöst und Entscheidungen getroffen werden.

Es gibt jedoch keine Einheitsmethode für derartige Stuationen. Kreativität und Flexibilität sind gefragt. Im weitesten Sinne sind Problemlösungs- und Entscheidungsprozesse Vorgänge der Informationsverarbeitung. Bei der Bearbeitung dieser Aufgaben können daher Methoden helfen, die zu einer **systematischen Vorgehensweise** beim Erkennen, Überprüfen und Verarbeiten der verfügbaren Informationen anleiten. Die erfolgreiche Lösung Ihrer Probleme wird durch diese **Denkprozesse** klarer und objektiver gestaltet.

XY-Ungelöst

Wie?

**Problem- und
Entscheidungsanalyse
nach Kepner-Tregoe**

Situations-Analyse

**Problem-Analyse
Ermittl. der wahrscheinlichsten
Ursache für die Soll-Ist-
Abweichung**

**Entscheidungs-Analyse
Auswahl der besten Alternative**

**Analyse potentieller Probleme
Absicherung einer Plan-
Durchführung vor möglichen
Störfaktoren**

Was?

**Kepner-Tregoe
• Problemlösung
• Entscheidungstechnik**

XY-Ungelöst

Die bereits in den 50er Jahren entwickelte Kepner-Tregoe-Methode hilft, Probleme in vier Grundschritten systematisch anzugehen; die einzelnen Schritte werden durch weitere Spezialtechniken unterstützt.

1.Situations-Analyse

Erkennen der Priorität und Anwendung der richtigen Analyse für eine bestimmte Situation.

- Lage eindeutig klären (Aktion notwendig?)
- Aufgaben - wo erforderlich - in Unterthemen zergliedern
- Prioritäten festlegen (Wichtigkeit, Dringlichkeit, Tendenz)
- Weitere Vorgehenssystematik festlegen

2. Problem-Analyse

Ermittlung der Problem-Ursachen.

- Problem definieren (Abweichung eines tatsächlichen IST vom erwarteten SOLL).
- Problem beschreiben (Was/Wo/Wann/Wieviel ist bzw. ist nicht)?
- Mögliche Ursachen entwickeln (Hypothesen aufstellen).
- Hypothesen auf ihre Wahrscheinlichkeiten überprüfen und Beweis führen (Versuch).

3. Entscheidungs-Analyse

Fällen einer sicheren Entscheidung.

- Einzelzielsetz. festlegen und gewichten (Muß-, Kann-Kriterien)
- Alternativen mit Konsequenzen entwickeln und beurteilen
- Bevorzugte Alternativen den Zielsetzungen gegenüberstellen (Nutzwertanalyse)
- Störende, nachteilige Auswirkungen ermitteln und bewerten (Risikobewertung)
- Risikominderung und endgültige Entscheidung treffen

4. Ermittlung potentiell auftretender Probleme

Das Absichern der Durchführung einer getroffenen Entscheidung.

- Planschritte für kritische Bereiche erkennen und festlegen
- Kritische Bereiche auf potentielle Probleme untersuchen
- Potentielle Probleme bewerten (Mögl. Störfaktoren und Ursachen)
- Präventiv- und Eventual-Maßnahmen festlegen
- Informations- und Kontrollsyst. für Eventualaktivitäten installieren

Verwenden Sie die **Kepner-Tregoe-Methode**
- bei der nächsten komplexen Problemsituation
- hier ganz besonders zum Auffinden der Problem-Ursachen

Z Zielsetzungstechnik

Warum?

Bedeutung der Zielsetzung

Zielsetzung und Zielerreichung

Warum Ziele?
- Überblick
- Prioritäten
- Optimierung der Arbeitstechnik
- Erfolg

> "Wer den Hafen nicht kennt, in den er segeln will, für den ist kein Wind ein günstiger."
> *(Seneca)*

Zielsetzungstechnik

> "Wenn wir nicht wissen, wohin wir wollen,
> ist es gleichgültig, welchen Weg wir gehen."
> *(Chinesische Weisheit)*

Ohne ein **Ziel** ist — im Grunde genommen — alles, was Sie planen und anschließend tun wollen, sinn- und zwecklos. "Erfolgreiches Arbeiten ist ein Verwirklichen von Zielen", war ein Kerngedanke von G. Großmann.

Ziele setzen und anstreben
- gibt unserem Tun einen Sinn (Orientierung),
- ist Maßstab und Motivation zur Leistung
- und damit Kriterium zur Erfolgskontrolle.

Nur derjenige, welcher seine Ziele auch schriftlich definiert hat, behält in der Hektik des Tagesgeschehens noch den **Überblick**. Er setzt auch unter größter Arbeitsbelastung die richtigen **Prioritäten**. Er versteht es, seine **Fähigkeiten optimal** einzusetzen, um schnell und sicher das **Gewünschte zu erreichen**.

Z | Zielsetzungstechnik

Wie?

Zielkriterien
- **meßbar (Z.D.F.)**
  - **machbar**
  - **(= motivierbar)**
- **planbar (zeitlicher Bezug)**

Nr. 1 werden

Erfolg durch
1. Zielsetzung
2. Zielplanung (Wieplanung)

Zielsetzungstechnik:
Zielanalyse
(Wunschziele)
Situationsanalyse
Ziel-Mittel-Analyse
Zielformulierung
(Handlungsziele)
Wieplanung
(Aktionsplan)

Was?
- **Ziel**

- **Lebensziel**

Zielsetzungstechnik

Ein "gutes" **Ziel** muß drei **Kriterien** genügen, um **erfolgsmethodisch** verwirklicht werden zu können :

1. Das Ziel muß **konkret formuliert** und meßbar sein, d.h. durch Zahlen, Daten, Fakten überprüft werden können.

2. Das Ziel muß auch **realistisch** sein, sonst bleibt es un**erreichbar** und damit eine Utopie (= Frustration).

3. Das Ziel muß **planbar** sein, nämlich einen festen **zeitlichen Bezug** (Fristen, Termine) aufweisen.

> Beispiel: Zwei Weiterempfehlungen aus jedem
> Verkaufsgespräch mitnehmen

Die schriftliche **Zielsetzung** ist der erste Schritt zum **Erfolg!** Der zweite Schritt ist die methodische Beschreibung des **Weges zum Ziel** (➡ Wieplan-Technik).

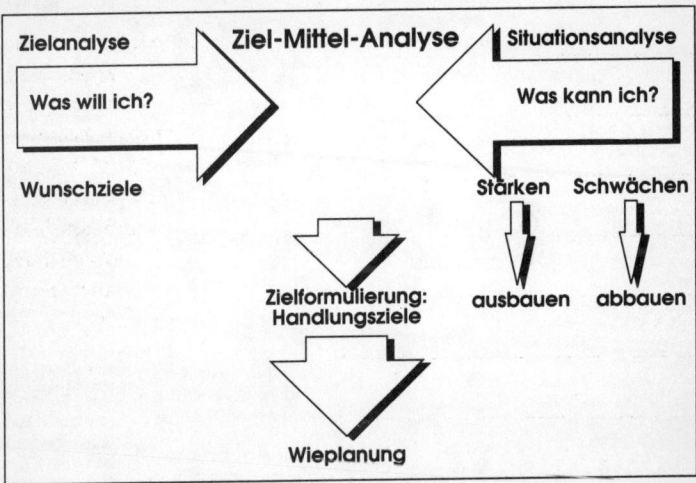

✐ Machen Sie eine **Liste Ihrer Ziele**: Was möchte ich bzgl. Beruf, Karriere, Familie, Freizeit etc. erreichen?

✐ Überdenken Sie einmal so konkret wie möglich: Welches wichtige Ziel möchte ich in meiner restl. **Lebenszeit** noch erreichen?

Ausgewählte Literatur

I. Deutschsprachige Beiträge zur Arbeitstechnik

(1) Friedrich, Kerstin und Seiwert, Lothar J.:
Das 1 x 1 der Erfolgsstrategie, München, Landsberg: mvg-verlag. 1994.

(2) Fuchs, Helmut und Graichen, Winfried U.:
Bessere Lernmethoden, 2. Aufl. München: mvg-verlag 1994.

(3) Fuchs, Werner:
Arbeitstechnik, in: Management-Enzyklopädie, Bd. 1, 2. Aufl. Landsberg a. Lech: Moderne Industrie 1982, S. 406–432.

(4) Geffroy, Edgar K. und Seiwert, Lothar J.:
Zeitmanagement für Verkäufer, 2. Aufl. Landsberg: Moderne Industrie 1993.

(5) Graichen, Winfried; Seiwert, Lothar J. und Fuchs, Helmut:
Ganzheitliches Zeitmanagement – Mehr Lebens- und Arbeitsfreude. 2. Aufl. München: mvg-verlag 1992.

(6) Hirzel, Matthias:
Managementeffizienz, 4. Aufl. Wiesbaden: Gabler 1989.

(7) Kitzmann, Arnold:
Persönliche Arbeitstechniken und Zeitmanagement, Ehningen: Expert 1992.

(8) LeBoef, Michael:
Mehr leisten – weniger arbeiten. 2. Aufl. München: mvg-verlag 1991.

(9) Müller-Klement, K. und Seiwert, Lothar J.:
Zielwirksam arbeiten. 9. Aufl. Ehningen: Expert 1993.

(10) Ochsner, Martin:
Persönliche Arbeitstechnik, Gießen: G. Schmidt 1990.

(11) Roth, Werner; Seiwert, Lothar J. und Wagner, Hardy (Hrsg.):
Zeitmanagement-Methoden auf dem Prüfstand. Zeitplanbücher, Elektronische Organizer und Software, 3. Aufl. Springe und Bremen: Verlag W. Roth und GABAL 1994.

(12) Seiwert, Lothar J.:
Arbeitstechniken, in: Handwörterbuch der Führung, hrsg. von A. Kieser/G. Reber/R. Wunderer, 2. Aufl. Stuttgart: Poeschel 1995.

(13) Seiwert, Lothar J.:
Das 1 x 1 des Zeitmanagement, 12. Aufl. München, Landsberg: mvg-verlag 1994.

(14) Seiwert, Lothar J.:
MEHR ZEIT FÜR DAS WESENTLICHE

– als Buch – Untertitel „Besseres Zeitmanagement mit der SEIWERT-Methode" – : 16. Aufl. 1994.

– als Audio-Cassette mit Textheft und Trainingskarten: 4. Aufl. 1993.

– als Video mit Begleitheft und Trainingsplan: 5. Aufl. 1993.

– als interaktives PC-Lernprogramm mit Spielen – Titel „TimeWinner" – : 1. Aufl. 1994.
Alle erschienen: Landsberg: Moderne Industrie

(15) Seiwert, Lothar J.:
Selbstmanagement. Persönlicher Erfolg, Zielbewußtsein, Zukunftsgestaltung. 5. Aufl. Bremen: PLS/GABAL 1995.

(16) Seiwert, Lothar J.; Graichen, Winfried U. und Fuchs, Helmut:
Folienprogramm „Das 1 x 1 des Zeitmanagement" (37 Farb-OHP-Folien, Begleitheft/Trainer-Leitfaden, 24 Teilnehmer-Handouts). Offenbach: Jünger 1991.

(17) Stroebe, Rainer W.:
Arbeitsmethodik (2 Bd.), 6./5. Aufl. Heidelberg: Sauer 1993.

(18) Theisen, Manuel R.:
Wissenschaftliches Arbeiten, 7. Aufl. München: Vahlen 1993.

(19) Wagner, Hardy:
Persönliche Arbeitstechniken, 5. Aufl. Bremen: PLS/GABAL 1993.

(20) Zielke, Wolfgang:
Handbuch Lern-, Denk-, Arbeitstechniken, München: mvg-verlag 1988.

II. Wichtige internationale Literatur zur Arbeitstechnik

(21) Bliss, Edwin C.:
Getting Things Done, 6. Aufl. New York: Bantam Books 1980.

(22) Douglass, Merrill E. und Donna N.:
Manage Your Time, Manage Your Work, Manage Yourself, New York: AMACOM 1980.

(23) Drucker, Peter F.:
The Effective Executive, 5. Aufl. London: W. Heinemann 1982.

(24) Fanning, Tony und Robbie:
Get it All Done and Still be Human, 3. Aufl. New York: Ballantine Books 1985.

(25) Ferner, Jack D.:
Successful Time Management, New York u. a.: John Wiley & Sons 1980.

(26) Hobbs, Charles R.:
Your Time and Your Life – The Insight System for Planning (Audio-Cass.), Chicago: Nightingale-Conant 1983.

(27) McGee-Cooper, Ann, unter Mitarbeit von Trammell, Duane:
Time Management for Unmanageable People, Dallas, Texas: Bowen & Rogers 1993.

(28) Moskowitz, Robert:
How to Organize Your Work and Your Life, Proven Time Management Techniques, New York: Doubleday Dolphin 1981.

(29) Noon, James:
Time for Success? London: International Thomson Publishing 1983.

(30) Scharf, Diana, unter Mitarbeit von Hait, Pam:
Studying Smart – Time Management für College Students, New York u. a.: Barnes & Noble 1985.

Stichwortverzeichnis

111

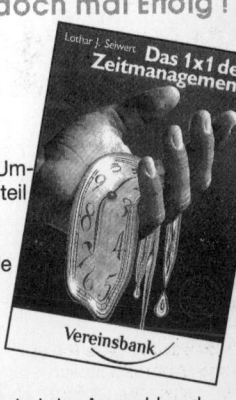